新潟県十日町市菅沼で（1988年5月撮影）

東京都杉並区、立正佼成会大聖堂で（1991年7月撮影）

庭野日敬平成法話集 1

菩提の萌を発さしむ

本書における「法華三部経」の各経典名ならびに品名の読みは、『新釈法華三部経』（全十巻・庭野日敬著／佼成出版社刊）に従いました。

はじめに

昭和五十三年、本会では「(創立から)四十年を一区切りとして会史をまとめておくことは大切」という開祖さまのご指導にもとづき、『立正佼成会史』(全七巻)の編纂《へんさん》が始まり、同五十八年の三月五日にその第一巻が発刊されました。

同じころ『庭野日敬法話選集』の編集も進められ、昭和五十三年十一月十五日から五十八年までのあいだに全八巻すべての刊行がなされています。当時、「庭野日敬法話選集編纂委員会」の委員長をつとめられた庭野日鑛《にちこう》現会長は、「この法話選集が本会の会員によって永く読み継がれ、末法時代における仏道修行者の聖典の一つとなることを念願いたします」と述べておられますが、その前段として「この法話選集は庭野会長(当時・開祖さま)の法話の総集成であり、また会長自らの信仰体験にもとづく言行録としての総集成でもあります」と明言されています。『庭野日敬法話選集』は、つまり本会が創立してから四十年のあいだに培われた、いわば「立正佼成会の教えの全容」であり、開祖さまが求め、示し続けられた「世界・人類の平和実現の大道」がまとめられたものであったということです。

それからも、機関誌紙はもちろん数多くの書籍や冊子をとおして開祖さまのお言葉が随時会員のもとに届けられ、教団の救い救われの展開に大きな力を与えてくださいました。

そして今年、教団創立八十年を迎えた私たちには、「教団創立百年」を見すえて示された教団の基本構想、長期構想を踏まえて、新たな決意と創造が求められています。

ところで、開祖さまが機関誌紙をとおして「ご法話」をお分けくださった最後がいつであるかをご存じでしょうか。平成十年「佼成」十一月号が、それに当たります。そしてその年の春、会長先生は『心田を耕す』を著わされているのですが、会長先生は法燈を継承された平成三年以来、じっくりと開祖さま最晩年のご法話をかみしめられたうえで、「心田を耕す」という信仰者としての大事を私たちにお示しくださったと拝察できます。

さていま、新たな地平に踏み出そうとする私たちにとって、開祖さまのご遺言ともいえる最晩年のご法話は、かつて『庭野日敬法話選集』によって多くの方が釈尊の本懐や本会の眼目、そして信者一人ひとりの信仰姿勢や生き方を学ばせていただいたのと同じように、「教団創立百年」に向けた足固めをするうえで格好の指南書となるはずです。

いまだ書籍等のまとまった形で編纂されていない、平成元年から十年まで「佼成」誌に掲載されたご法話を中心とする『庭野日敬平成法話集』（全三巻）の第一巻となる本書は、教団の長期構想の使命を証し、かつ私たちの前進と創造をたすけてくださる、開祖さまからの、極上のプレゼントといえるのではないでしょうか。

立正佼成会教務部

発刊に寄せて

開祖さまの「発」と「願」

立正佼成会理事長　川端健之

以前、教団幹部会の席上で、開祖さまがおっしゃったつぎのようなお言葉を映像とともにご紹介したことがあります。

「私は一貫してね。この法華経に導かれたときにね、この法を弘《ひろ》めなければならない。弘めるのには在家仏教でなくちゃならない。そういう弘める方法から、やらなければならんことを自覚してやったからね。私は引っぱられて行ったんじゃなくて、自分でやる気でやったからね。あまり変化がない真っすぐ一直線だね」

ここのお言葉からは、いまをさかのぼること八十年前に、開祖さまが心の内に抱かれたひたむきな菩提心《ぼだいしん》と、そこから生まれた強い願いが響いてまいります。

それはやがて、開祖さまが本会を創立された願いを示すお言葉として、「一人でも多くの人に、法華経に示された人間の生き方を知ってもらい、本当の幸せを自分のものにしていただきたい」という表現をもって伝えられ、私たち会員一人ひとりが進むべき道を示す道しるべとなっています。

では、「法華経に示された人間の生き方」とは何でしょうか。開祖さまの願われた「本当の幸せを自分のものに」とは、私たちがどのようになることなのでしょう。

会長先生は、先に発表された「教団創立百年に向けて」のなかで、家庭から社会、そして世界にいたるすべてにわたる将来を見すえて人づくりに尽くすのが、私たちの大事とご指導くださいました。そして光祥《こうしょう》さまは、会長先生のご指導に基づく方向性を、立正佼成会が「菩薩《ぼさつ》を生み、育てる苗代になる」という一つの具体像をもって示されました。

苗代とは、稲の種をまいて苗を仕立てるところです。つまり佼成会は、菩薩となって自分を輝かせ、他を輝かせる人を生み育てるところということです。

しかし、その菩薩の種は、発芽することなしに成長しません。ここでいう「発芽」の「発」とは、「発《ほっ》菩提心」の「発」であり、「発願」の意志に通じる「発」であります。それはすなわち、受け身ではなく、自ら求め、自ら動くということにほかなりません。会長先生も「教団創立百年に向けて、一人ひとりが、常に創造的な歩みを進める確たる志をもって」とおっしゃっています。

そうした一人ひとりの「発」を出発点とする精進《しょうじん》のありようが、この『庭野日敬平成法話集』（全三巻）には余すことなく示されています。

「『法』のとおりに生きていこうと決定《けつじょう》すると、まわりの人たちがすべて、仏になる道を歩んでいる人であることが見えてくる」など、まさに法華経に示された人間の生き方と、本当の幸せを自分のものにする生き方に出会うことができます。

本書の行間からは、「必ず幸せになれるから、自信をもってやってごらん」と、やさしく、力強く、私たちを後押ししてくださる開祖さまのお声が聴こえてくるようです。

合掌

庭野日敬平成法話集 1

菩提の萌を発さしむ

――目次

はじめに　立正佼成会教務部　3

発刊に寄せて　開祖さまの「発」と「願」　立正佼成会理事長　川端健之　5

第一章　私の「発」　19

願いをもって生きる　20
すべての人が幸せになれる道／誓いを立てて、実践し／仏さまがいつもそばに

仏になるために生まれてきた　24
みんなが仏になる道／「目ざめた人」になる／一人残らず成仏できる

すべてが仏という世界　29
仏知見を開く／私が見守ってあげるから／一人として成仏しない人はない

私がここにいるのは　35

まわりの人に喜ばれる人間／幸せの輪が広がる／みんなで未来を築いていく

人に説いて自分が悟る　41

すべての人を「仏の境地」に／「人びとの幸福のために説け」／人のために説きしがゆえに

お役のある人　48

仏の子としてのお役／人さまを仏道に導く菩薩行／仏さまからいただいたお役

仏さまとの深い縁　53

「仏との縁」を説く法華経／多くの仏を供養した人／仏との縁を自覚できたら

仏さまに生かされて　60

道を歩むべく生きる／生死は仏の御いのち／生かされている喜びを伝える

世界を大きなサンガとしよう　65

サンガは仏道のすべて／法華経の信者は多宝如来／仏性の呼応するサンガに

第二章　人とつながるために　73

嫌いな人を好きになる　74
好き嫌いは「自分のわがまま」／相手の表面にとらわれない／「法の子」を育てる
仏さまのような気持ちで　79
慈悲から生まれる方便／法を説かなければこの世は滅びる／身近な一人を救う
仏さまのご恩に報いる　84
生かされているように生きる／教えを伝えることが最上の道／自分を忘れて、人さまを
人をはぐくむ喜び　90
祖父と父の教え／羽で包むように／慈しみの眼で見る
仏さまの衣を着る　95
「柔和」が人間関係の大事／「忍辱」は相手を思いやること／「忍辱」とは許すこと

慈悲心から生まれる厳しさ　102
厳しさの薄れた社会／羅睺羅を戒めたお釈迦さま／厳しい言葉も素直に聞ける

仏さまの本願に生きる　108
仏さまのようになりたい／目の前の一人を大切に／聞き上手になれば

出会いに学ぶ　114
なごやかで、あたたかい社会／法華経に出会って／無数の人たちとの出会い

人さまを幸せにしたい　119
いま、ここが道場／感謝すると心がきれいになる／菩薩の心が目をさます

菩提心をもち続ける　126
菩提の萌を発さしむ／心が菩提心で満たされる／いつも仏さまと一緒

方便ということ　131
仏になれる性質をもっている／妙佼先生の方便／仏さまからいただく方便

人さまの幸せを願って 136
親切心をふくらませる／仏の子としての願い／人を幸せにするひとこと
感動こそ幸せのもと 141
仏への道は感激から／菩提心を発す／「ありがたい」の喜びが人から人に
声をかける、慈悲をかける 146
妙佼先生の気さくな声かけ／「慈悲」は最高の友情／声かけという菩薩行
第三章 動けば結ばれる 153
動くほど「因縁」が結ばれる 154
新井先生との出会い／出会いとは、仏性を見ること／動けば動くほど

縁を大切にする　159
因と縁からすべては始まる／仏さまからの呼びかけ／幸せの道に進んでいく
世世に仏に値いたてまつる　164
仏性を見ることが仏に会うこと／まわりの人をあたたかい目で見る／仏知見を開く
まず人さま　170
人に喜ばれるのがうれしい／バランスのとれた生き方／譲れば譲られる
縁を生かす　177
目に見えない縁に支えられて／自分中心からの脱皮を／なごやかな縁を結ぶ
うしろ姿で人を導く　182
父から教えられたこと／明るく、あたたかに／「私の姿を見てください」
喜んでもらえる喜び　187
周囲を明るくする人に／人の喜ぶ顔を見たい／人さまの苦しみに共感できる人

徳と徳が出会う 191
心を明るくする出会いを／徳を積む喜び／妙佼先生の徳の積み方
喜びの種をまく 196
救われの種、喜びの種／菩薩行という種まき／喜びの種は「信」にある
第四章 菩薩が求められている 203
一人ひとりが菩薩として 204
菩薩が求められる時代／六波羅蜜は布施から／菩薩行は楽しい仕事
布施のできる喜び 210
布施の功徳は喜び／富む者の義務／布施をすると仏さまが喜ぶ

持戒の人は心さわやか 217
よい習慣が人生を明るくする／大量消費は現代の殺生／道に従えば心は安らか
柔和な心を保つ 223
忍耐と柔和は一対のもの／苦難を試練と受けとめる／忍辱の実践が平和のいしずえ
休まず、怠らず 230
集中力が養われる／精進するのは人間の本性／どこまでも気をゆるめずに
どっしりと構える 236
雑念にまどわされない／「これも仏さまのお手配」／「法」に一念を集中する
慈悲から生まれる智慧 242
智慧は仏さまのお手配／みんな仏知見をもっている／「雨ニモマケズ」と菩薩の心
自灯明・法灯明に生きる 250
自灯明の「自」とは仏性／仏の教えは坦々たる大道／忘れてはならぬ仏さまの存在

あたたかな人間関係を　257
法華経を学び直す／仏の悟りをめざす仲間に／思いやりの心で接する
高く高く法を掲げて　262
お釈迦さまの二つの決意／法を優先すれば心さわやか／法を立てるとみんなが仏

カバーデザイン：髙林昭太
カバー写真：枝折峠（新潟県魚沼市）©PIXTA

第一章

私の「発」

願いをもって生きる

すべての人が幸せになれる道

「願いをもって生きる」というのは、人生に理想をもって生きることです。私は、すべての人が幸せになれる道をめざすのが人間に共通した理想である、と思っています。世のため、人のためになろうという「利他」の願いです。

「願い」というものは、ただぼんやりともっているだけでは、かなえられるものではありません。ぼんやりと願うのではなく、強く願わなければなりません。それも、一時的に願うのではなく、継続的に願わなければなりません。このように、強く願うことを「念ずる」とか「念願する」といいます。

そして、「願い」をもったら、まず行動に表わすことです。行動に表わさなければ、いくら心に念じても、むなしい「願い」に終わってしまいます。行動に表わすことによって、その人の抱いた「念願」は、一隅を照らす灯となるのです。

私たちの生活には、一日一日さまざまなことが起こります。目の前のことに心を奪われていると、歩み方がジグザグになりがちです。方向を誤ってしまうこともあります。理想を高く堅持していれば、方向を見失うことなく、まっすぐに進むことができます。そして、自信に満ちたその歩みは、一歩ごとに踏みしめる力が強くなっていくのです。

私たちの若いころは「志」ということがさかんにいわれ、「男子志を立てて郷関を出ず学もし成らずんば死すとも還らず」という言葉を、だれもが口ずさんだものです。

ところがいまは、立身出世の欲だけは人一倍でも、「志」は忘れられたままのような気がして、さびしい思いがします。内に「志」を秘めている人もいるのでしょうが、それを存分に発揮していただきたいものです。

そして、「志」ということがいわれなくなってから、人間がだんだん誇りとか気高さといったものから遠ざかっているように思えるのです。

人間、胸の内に自分の目標を高く掲げていたいものです。そうでないと、すぐに現実に妥協し、つらいことは避けたくなって、安易な生き方に流されていくのです。

「理想」というのは、それが実現したときに初めて価値が生じるのではなくて、「理想」に向かって踏み出す一歩が何よりも大事です。そこから「理想」の実現が始まるのです。

誓いを立てて、実践し

私は新潟県の農家の生まれですが、六人きょうだいの次男でしたので、兄が家を継ぎ、私は十六歳のときに上京して働くことになりました。その際、夜行列車のなかで六つの誓いを立て、自分自身に言い聞かせたのです。

それは「これからは、けっしてうそはつくまい」「力いっぱい働こう」「他人のいやがることを進んでやろう」というのが、最初の三つです。

さらに「他人と争わぬこと。どんなひどい目に遭《あ》っても、神仏のおぼしめしと思って辛抱すること」「仕事をするときは、人が見ていようといまいと、陰日向《ひなた》なく働くこと」「どんなつまらぬ仕事でも、引き受けた以上は最善を尽くすこと」の三か条です。

また、祖父や父から、「正しいことをしなくてはいけない」「人をごまかしたりしてはいけない」「世間のためになる人間になれ」「早起きして、遅くまで稼げ」と、毎日のように教えられていましたので、それも合わせて心に刻んで上京したのです。

その誓いを固く守り、苦労をいとわずに実践したお陰で、奉公先の主人から「君のような働き者で正直な青年は、めったにいない」といわれ、大いに信頼されたものでした。

仏さまがいつもそばに

私が通った大池小学校には、壁のいたるところに金言、名句といったものが掲げられていました。

「なせばなる、なさねばならぬ、何事も、ならぬは人の、なさぬなりけり」「天は、みずから助くる者を助く」といった言葉です。校長先生が書いたその文字が、いまでもはっきりと網膜に焼きつき、脳裏に刻みつけられています。それが私の人生にどれほどの影響を与えたか、はかり知れないものがあります。

努力や精進《しょうじん》というのは、私たちを成長させていくうえでの基本です。しかし、あまりに基本的であるために、時としておろそかになることがあるのです。それは、神さま仏さまが自分のそばにいらっしゃることに気づかないため、ごまかしたり、横着したりするからです。

私は、神さま仏さまが常に見守ってくださっていることを信じているので、いつもありがたくて仕方がないのです。ですから、何ごとにとりくむ場合でも、一生懸命に努力し、一生懸命に勉強するのです。

このように、人は生きているかぎり自らを向上させ、人さまのため、社会のために役立ちたいという「願い」をもって、その「願い」の実現に向けて努力・精進をすることが大切です。

そういう生き方をしてもらうために、仏さまはあなたを世に送り出されたのです。

仏になるために生まれてきた

みんなが仏になる道

私が新井助信《すけのぶ》先生から法華経の講義を聞いたのは昭和十年のことで、数えで三十歳のときでした。そのとき「法華経こそすべての人を幸せにする教えだ」と直感し、踊躍歓喜《ゆやくかんぎ》したのでした。

新井先生のほうはだれかに説きたい、私はそれを聞きたい。「啐啄同時《そったくどうじ》」という言葉もありますが、二人の気持ちがぴったり合い、毎日のように新井先生のお宅に通い続けました。そして、先生の後押しもあって、法華経の教えを実践する立正佼成会を創立することになったのです。

お釈迦《しゃか》さまの教えは「八万四千《はちまんしせん》の法門」といわれ、たくさんの教えがありますが、いちばん大事な教えは「みんなが仏になるための道を歩む」ということです。

ところが、ごく一般の常識としては、「仏」というのは特別な存在ですから、「人間が仏になれる」とは考えにくいようです。それは無理もないことです。

「仏」というとき、多くの人が共有している一つのイメージがあります。「仏」とは、「宇宙の大生命」としてこの世のすべてを生かしているお方で、そのお体に三十二相という尊い相をそなえ、すべての人を苦しみから救い出してくださり、「幸せになりたい」という願いをかなえてくださる大慈大悲のお方であると、このように思うようです。

大聖堂の聖壇にお祀《まつ》りしている「久遠実成大恩教主釈迦牟尼世尊《くおんじつじょうだいおんきょうしゅしゃかむにせそん》」のご尊像も、そういう「仏さま」を形として顕現したわけです。

ですから、「人間は、たとえどんなに修行しても、仏になることなど、できっこない」と考えるのも、常識としてはそのとおりです。ところが法華経には、「仏さまの願いは、すべての人間を仏にすることである」と、明確に説かれているのです。

「方便品《ほうべんぽん》」には、「我本誓願《われもとせいがん》を立《た》てて　一切《いっさい》の衆《しゅ》をして　我《わ》が如《ごと》く等《ひと》しくして異《こと》なることなからしめんと欲《ほっ》しき」というお言葉があります。仏さまは「すべての人を、私と同じようにしてあげたい」と、誓願を立てておられるのです。

また「如来寿量品《にょらいじゅりょうほん》」には、「毎《つね》に自《みずか》ら是《こ》の念《ねん》を作《な》す　何《なに》を以《もっ》てか衆生《しゅじょう》をして　無上道《むじょうどう》に入《い》り　速《すみや》かに仏身《ぶっしん》を成就《じょうじゅ》することを得《え》せしめんと」と説かれています。

仏さまは、「どうしたら人びとが迷うことなく、仏になってもらうことができるかと、それを常に念じている」とおっしゃっているのです。

このように、私たちが仏になることが仏さまの願いなのですから、私たちはその仏さまの願いをありがたく頂戴《ちょうだい》して、仏になる道に勇往邁進《ゆうおうまいしん》していくのが人間として当然のつとめなのです。

「目ざめた人」になる

ところで、「仏」という言葉には、もう一つの意味があります。

「仏」つまり「仏陀《ぶっだ》」というのは、「目ざめた人」という意味なのです。この世界を貫いている法則、真理を悟って、この世に起こることすべての真実の相、実相に目ざめた人、それが「覚者」として「仏陀」と呼ばれたのです。こういう「目ざめた人」という意味での「仏」になることは、だれにでも可能性があるはずです。

もちろん、この世の真理を悟ることはたいへんな難事です。しかし、私たちは自分の力で悟りを得るまでもなく、すでにお釈迦さまが余すところなく説き明かしてくださっているのですから、それをまっすぐに信受していけばいいわけです。

たとえば「一切衆生悉有仏性《いっさいしゅじょうしつうぶっしょう》」ということでも、自分の力で悟るとなると、並たいていの修行精進では無理でしょう。けれども、「なるほど、人間はだれでも仏性《ぶっしょう》を授かっているのか。それならば、その仏性を思い切り発揮していけば、自分もきっと仏になれるはずだ」と素直に受けとめれば、悟ったも同然といっていいのです。その「仏性を精いっぱい発揮して、仏になりたい」という決定《けつじょう》こそ、「目ざめた人」への第一歩なのです。

日常生活のなかで、仏になるための修行の第一は、朝な夕なに法華経を読誦《どくじゅ》することです。この読経供養で仏さまの説法を心に刻みつけると、自然に仏さまを恋慕渇仰《れんぼかつごう》する心が湧いてくるのです。

そして、ふれあう人たちに対して、仏さまのように慈悲の心で接していきたいという願いも湧いてきます。そういう菩薩行《ぼさつぎょう》の積み重ねが、仏になる道のりなのです。

一人残らず成仏できる

お経文には「仏道《ぶつどう》は長遠《じょうおん》なり」（化城諭品《けじょうゆほん》）とありますが、みなさんの精進ぶりを見ていると、「それほど遠く長い道のりではないのでは」という気もします。それは、自分の幸せよりも人さまの救いを先に考える、ほぼ「菩薩」に達している方、「仏」まであと一歩のような方も大勢いるからです。

そういう意味では、一人ひとりが「仏の子」として真心で人さまとふれあい、常に相手の幸せを念じて、菩薩行に徹していくことが大事なのです。相手の苦しみを抜き、喜びを与えて、ほんとうの幸せにいたる道へと導いていくとき、一歩ずつ「仏」に近づいていくのです。

お釈迦さまは「方便品」で、「若《も》し法《ほう》を聞《き》くことあらん者《もの》は　一《ひと》りとして成仏《じょうぶつ》せずということなけん」と、念を押すように説かれています。この教えを聞いた人は、一人残らず「成仏」できる、というのです。それは、私たちが「仏」になるために生まれてきたからで、いま「仏になる道」を歩んでいるからです。

「みんな仏になってもらいたい」というのが仏さまの願いですが、私たち人間の側にも

「仏さまのような智慧《ちえ》と慈悲を身につけたい」という誓願があります。それがぴったりと符合するとき、間違いなく、「一人として成仏しない人はない」という約束が実現するのです。

繰り返すようですが、「一人も漏れることなく、みんながみんな、仏になってもらいたい」というのが、仏さまの本願です。私も、みなさんが「仏になる道」をまっすぐに歩むため、菩薩行に精進してくださることを念じるばかりです。

すべてが仏という世界

仏知見を開く

仏さまが世に出られる目的は、「一大事《いちだいじ》の因縁《いんねん》」として教えられています。つまり、一切衆生の仏知見《ぶっちけん》を開き、示し、悟らせ、仏知見の道に入れるということで、これを「開示《かいじ》悟入《ごにゅう》」といいます。

「仏知見を開く」ということは、つまりは、私たちの「仏性」を開くということです。そして、仏の智慧によるものの見方を示して、無上の喜びを悟らせてくれます。さらには、仏にいたる道、つまり正しい人生を歩む道に入らせてくださるのです。それが、諸仏が出世される「一大事の因縁」なのです。

ところで、私たち人間の心のありようについて、「十界互具《じっかいごぐ》」という教えがあります。まず「十界」というのは、人間の心を十段階に分けたもので、下から地獄界、餓鬼界、畜生界、修羅《しゅら》界、人間界、天上界という六つの「迷いの世界」があります。そして、その上に「悟りの世界」として声聞《しょうもん》界、縁覚《えんがく》界、菩薩界、仏界という四つの世界があって、合わせて十の世界があるとされます。そして「十界互具」というのは、その十界の一つ一つに、ほかの九つの世界をそなえているという考え方です。

ですから、私たちの一刹那《せつな》の心のもち方によって、そこに地獄界が生まれることもあれば、菩薩界が現われることもある、ということです。ということは、「すべては自分の心がけ次第」ということになりますから、「自分の一念が無限の広がりをもっている」ということになります。

世の中のものごとの移り変わりを、この法則によって受けとめていくことが仏の智慧です。心のもち方がすべてに影響することがわかれば、「まず人さま」の気持ちを心がけることによって、あたたかな出会いを広げていけるのです。

法華経の「譬諭品《ひゆほん》」には、「今此《いまこ》の三界《さんがい》は　皆是《みなこ》れ我《わ》が有《う》なり　其《そ》の中《なか》の衆生《しゅじょう》は　悉《ことごと》く是《こ》れ吾《わ》が子《こ》なり」と説かれています。

仏さまは、私たちのすべてを、「みんな、わが子だよ」とおっしゃってくださったのです。私たちの命は、仏さまに生かされているのです。仏さまと私たちは親子なのです。そして私たちは、この世に生きとし生けるものすべてと、きょうだいなのです。

そのことをすべての人に伝え、生かされているありがたさに気づいてもらうことが、仏さまの「一大事の因縁」であり、私たち一人ひとりの役割、「一大事の因縁」でもあるのです。

立正佼成会では、親孝行や先祖供養を大切にしています。生きとし生けるものすべてが、一つのいのちに生かされているのですから、親も先祖も仏であって、自分をとりまくすべてが仏さまです。親孝行や先祖供養は、そのことに気づいて、感謝の気持ちを深めるための実践なのです。

私が見守ってあげるから

先ほどの「譬諭品」の経文は、こう続きます。

「而《しか》も今此《いまこ》の処《ところ》は　諸《もろもろ》の患難《げんなん》多《おお》し　唯我一人《ただわれいちにん》のみ　能《よ》く救護《くご》を為《な》す」

これは、「この世にはさまざまな苦難があるけれども、私が見守ってあげるから、心配しないでいいよ」と、仏さまがおっしゃってくださっているのです。

仏さまの智慧と慈悲をいただくきっかけが、「苦」であることもあります。仏さまに生かされていることを知らないうちは、人間は欲望や利己心にふりまわされて、「苦」が絶えないものです。ですから、苦しむ人と出会ったときでも、「まだ仏さまの教えに会える機会が熟していないだけだ」という気持ちで、柔らかな態度で接することが、仏道を歩く人のお役です。

仏さまに生かされていることを知っている人は、苦悩にあえぐ人と出会ったとき、その問題をとおして仏さまのお慈悲に気づけるように、働きかけることが大切です。一度でも仏さまの教えのありがたさを体験すると、ことあるごとに、心のあり方を教えに照らし合わせていけます。そして、その体験を、人さまの苦悩を解決する慈悲の行ないに生かしていくことができるのです。

自分が苦しんで、救われた体験がある人ほど、人さまに対して仏さまのお慈悲に気づいてもらう働きかけができて、それによって自分の「仏性」もますます開かれていきます。出会うすべての「縁」を、自分の「仏性」を引き出してくれるものだと受けとめていくと、まっすぐに菩薩の道を歩くことができるのです。

相手の「仏性」を開いていくことは、いつでも、どんなふれあいのなかでもできます。大切なことは、仕事であれ地域のことであれ、お役を果たす人に対して、「人さまのために」という気持ちをもってもらうように働きかけることです。

私が朝、大聖堂に着くと、その日のお当番の会員さんが迎えてくださいます。なかには、幼稚園ほどの小さな子もいます。頭をなでて「きょうはお当番に来てくれたの。しっかりやってね」と声をかけると、「うん」と大きくうなずいて、お手伝いをするぞという顔つきに変わります。それだけのふれあいでも、その子の心のなかに「大事な役なのだ」という自覚が芽ばえると思うのです。

「万善成仏《ばんぜんじょうぶつ》」という教えもありますが、小さなときから仏さまのお役を果たす体験が、大人になったときに「人さまのために」という行ないに通じていくに違いありません。

一人として成仏しない人はない

法華経の教えを信受する仲間に囲まれていれば、迷うことはありません。自分一人では解決がつかないような問題も、大勢の人の体験談や知恵を聞かせてもらうと、出会う「縁」のすべてを自分の「仏性」を開かせてくれるものだと受けとめて、対処していくことができます。

仏さまの本願は、すべての人を仏にすることにあります。私が立正佼成会を創立したのも、仏さまの「一大事の因縁」に後押しされてのことです。そして佼成会は、多くの人の真心に支えられてあるのです。会員のみなさんが「一人が一人を導く」というように、身近な方をご法の道に案内することこそ、真の仏子だと思います。

「己を忘れて人さまのために利する」行ないが自然とできる人たちが、一人二人と増えていくときに、「若《も》し法《ほう》を聞《き》くことあらん者《もの》は　一《ひと》りとして成仏《じょうぶつ》せずということなけん」（方便品）というお経文のありがたさが、実感として迫ってくるのです。

私がここにいるのは

まわりの人に喜ばれる人間

今年（平成四年）の初場所で貴花田関（現・貴乃花親方）が優勝しました。何しろ十九歳五か月で優勝というのは史上最年少記録ですから、みなさんが大喜びしましたし、私も強い印象を受けました。ただ、私が感動したのは、単に最年少で優勝したとか、相撲が人並みすぐれてうまいという点ではなく、あの若者のどっしりした存在感に感じ入ったのです。

インタビューに際しても、謙虚で、おごりがなく、淡々と受け答えしているその存在感たるや、じつに堂々としていて、まだ二十歳前だというのに、地に根が生えたような感じでした。

いまの社会はあまりにも豊かすぎるので、一人ひとりの人間が、とくに若い世代が、自分の生きていく目的や目標をもてず、何となくフワフワした存在のように見受けられます。「自分は確固としてここにいるのだ」という存在感が、希薄なような気がしてならないのです。

私たちは、ともすると自分をとるに足りない人間のように思いがちです。けれども、よくよく考えてみると、どのような人でもこの世に必要だからこそ、いま、ここに存在しているのです。いなくてもいい存在ならば、この世に出生はしなかったはずです。

法華経の「方便品」に、「諸仏世尊《しょぶつせそん》は、唯一大事《ただいちだいじ》の因縁《いんねん》を以《もっ》ての故《ゆえ》に世《よ》に出現《しゅつげん》したもう」と説かれています。

これは、いつもお話ししているように、仏さまがこの世にお出ましになったのは仏の「智慧」と「慈悲」がどのようなものであるかを人びとに知らしめ、すべての人を仏道に導き入れるためである、ということです。

私たちもまた、仏さまの「一大事の因縁」と同じように、それぞれ大きな「因縁」があってこの世に出現したことは間違いありません。「因縁」という言葉がわかりにくければ、「果たすべき役割」と言い換えてもいいでしょう。

その役割、使命とは何か。それは、人によって違います。まさに百人百様でしょう。しかし、だれにでも当てはまることがあります。

第一に、「何か、人のためになることをする」ということです。精神的なことでもいい。物質的なことでもいい。体を働かせることでもいい。とにかく、人のためになることをする。それが、私たちがこの世に出生した意義であり、使命です。そして、それは私たちが仏さまからいただいた慈悲心を常に心のなかに働かせ、行動に移していくということです。

第二に、「まわりの人に喜ばれる人間になる」ことです。自分がそこにいることで、まわりの人が喜んだり、楽しかったり、幸せを感じたりすれば、それこそ「価値ある人生」であるといえるでしょう。そのような人間になるためには、自分の心を無にして、「あの人に喜んでもらえるようなことをさせてもらいたい」と思う、こういう気持ちが出発点になるのです。

そして、何よりも大事なことは、「私がここにいるのは、仏さまがこの世に出してくださったのである」と自覚することです。

幸せの輪が広がる

「私」という人間の、いまいる位置を確かめようとすると、自分は一人で生きているのではないことに思い当たるはずです。

仏教に「諸法無我《しょほうむが》」という教えがあります。それは「この世のあらゆる現象は、それ一つで単独に存在するのではなく、目に見えない関係でつながり、もちつもたれつしているのである」ということです。

私たちは、多くの人とつながり合って生きているのです。ですから、隣にいる人を悲しませるようなことをすれば、そのまた隣の人をも悲しませることになります。反対に、一人の人でも幸せにしてさしあげれば、そのまわりの人に幸せの輪が広がるというように、必ず多くの人に影響をおよぼしていくことになります。

こうした横のつながりだけでなく、縦のつながりも大事です。「私がここにいる」のは、両親がいたお陰であって、そのまた両親がいて、代々のご先祖さまがいたお陰さまです。それを思えば、「両親を大切にして、ご先祖さまを大切にしよう」という気持ちになって、朝夕のご供養に心がこもってきます。

さらに、仏教徒としては、導きの子から孫へ、孫から曾孫へと続く縦のつながりも忘れてはなりません。もし、あなたの導きの子がよい導きの孫を育て、それがまたよい曾孫を育てるならば、「法」は幾世代にもわたって継承され、生き続けていくわけです。

仏さまの寿命は永遠であることが「如来寿量品」に説かれています。もちろん、「久遠実成の本仏」の寿命は永遠であるというのが本義ですが、さらに、宇宙と人生の真実を説く仏法も永遠不滅である、という意味でもあると考えていいでしょう。

お経文に、「常《つね》に此《ここ》に住《じゅう》して法《ほう》を説《と》く」とありますが、仏道を行じ、仏法を説く人のなかに、仏さまのいのちは確実に生きているのです。

「一人が一人を導く」というのも、つまりは、そういう仏法の横のつながりと縦のつながりを作ることとなのです。「その大事なつながりの中心に、自分がいる」と思えるようであれば、これほど尊い人間としてのあり方はなく、「私がここにいる」ことの意義の極致であるといっていいでしょう。

みんなで未来を築いていく

過去を大切にせず、現在をもいい加減に暮らしているような人は、まわりの人から尊敬されることは少ないでしょう。反対に、尊敬される人というのは、過去も大切にしながら、現在を精いっぱい生きる人です。ところが、もっと尊敬すべき人があります。それは、未来を開き、未来を創造していく人です。

私は、真の信仰者つまり「菩薩」こそが、未来を開く人であると思うのです。自らも悟りを求めつつ、同時に多くの人を真実の道に導いて、出会う人、出会う人を少しでも幸せな気持ちにしてあげられる人こそが、未来を築く人間であると確信します。

私は、アメリカの元大統領、ジミー・カーターさんを高く評価しています。大統領在任中は、国民からいろいろ注文もあったようで、デタント(アメリカと旧ソ連間の冷戦状態を緩和しようとする政策)を推進しようとするあまり、ソ連に核の優位を許したとして厳しい批判も受けました。

けれども、カーターさんはすべてに平和的な信念を貫く大統領でした。十一歳のときに洗礼を受けた熱心なクリスチャンで、国の運命を左右するような重大なことを決めるときは、「その決定については、私は神の導きを求める」と話される人でした。

私は一九七九年(昭和五十四年)八月、アメリカ・ニュージャージー州のプリンストンで第三回「世界宗教者平和会議」が開かれたときに、ホワイトハウスでお目にかかりました。そのとき、私たちに対して「みなさんの最も大きな仕事は、指導者を教育することです。宗教界におけるだけでなく、政治の世界の指導者を含めて、あらゆる分野の指導者を導き育てることによって、世界を平和に導こうとされているみなさんの大事業が成功されることを祈りましょう」と話されました。

そして一九九二年(平成四年)の今日を見ると、東西の冷戦は消滅し、デタントは現実のものになり、核も廃棄の方向へ向かっています。未来を開こうとしたカーターさんの仕事は、いま花開きつつあるのです。立正佼成会がカーターさんの財団に支援をしているのはご存じのとおりで、会員のみなさんもその平和活動の一翼を担っておられるわけです。

みなさんは、ごく身近にいる人のことを考え、その人を幸せにしてあげたいと菩薩行に励んでおられますが、そうした一人ひとりの活動が積もり積もって政治をも動かし、世界の平和につながっていくのです。それこそが「私がここにいる」ことの最も尊いあらわれであると信じます。

人に説いて自分が悟る

すべての人を「仏の境地」に

法華経で説かれている「五種法師《ごしゅほっし》」の四番目に「解説《げせつ》」ということがあげられています。

これは「受持《じゅじ》」「読《どく》」「誦《じゅ》」という、やや受け身の姿勢から一歩踏み出した積極的な行ないで、これが「五種法師」のなかでいちばん大事な行であると私は思います。

その理由は、二つあります。

第一は、法華経はすべての人を仏の境地に導くことを理想とする教えですが、自分だけがそれを受持・読誦して「救い」を得ても、お釈迦さまがこのお経を説かれたお心からすれば、まだまだ距離がある、ということです。

「仏の境地」といえば、たいていの人が「とても自分たちにはおよびもつかない」とさじを投げる気持ちになるでしょうが、そうではないのです。「仏」というのは「目ざめた人」ということです。宇宙と人生の真実に目ざめ、悟った人が「仏陀」なのです。

では、なぜ多くの人を「仏の境地」に導くことが必要なのでしょうか。早い話が、現在の世界の情勢に思いをめぐらせ、近未来の人類のあり方をつくづくと予測してみるといいでしょう。

いまの人類は、おしなべて「貪欲《とんよく》」に明け暮れています。そのため環境の破壊、資源の枯渇、人為的な気候異変による大飢饉《ききん》などが起こり、このままいけば百年もたたないうちに人類のほとんどが死滅するだろう、と予測する科学者もいます。

現在の地球は、まさに法華経の「譬諭品」に説かれている「火宅《かたく》」にほかならないのです。つまり、大きな屋敷が燃えさかっているのです。その「火宅」から逃れ出る道は一つしかありません。

「譬諭品」には、「其《そ》の家《いえ》広大《こうだい》にして唯一門《ただいちもん》あり」とあります。その「一門」とは何かといえば、「貪欲」を抑制することです。「少欲知足《しょうよくちそく》」の生活にもどることです。しかし、これはいうことはできても、なかなか実行できることではありません。そのことは、みなさんが肌で感じとっておられることでしょう。

では、どうすればいいのでしょうか。「譬諭品」の「三車火宅《さんしゃかたく》のたとえ」では、「火宅」の門外に仏さまが用意してくださった「羊車《ようしゃ》」（声聞の境地）、「鹿車《ろくしゃ》」（縁覚の境地）、「牛車《ごしゃ》」（菩薩の境地）を求めて走り出なさい、と教えられています。

つまり、「目ざめた人」になる道を求めるほかに、私たちが救われる道はないのです。それを言葉を換えていえば、すべての人にそなわっている「仏性の開顕」ということです。それを達成すれば、「貪欲」はいつのまにか自然消滅してしまうのです。ただ一つの門というのは、この「仏性の開顕」にほかなりません。

「人びとの幸福のために説け」

このことは、私たち法華経を信奉する人間の我田引水の説のように聞こえるかもしれませんが、けっしてそうではありません。

十七年前（昭和五十年）でしたが、日本の仏教学界の最高峰のお一人であった宮本正尊《しょうそん》先生が、立正佼成会の創立記念日での祝辞のなかで、「法華経が『諸経の王』であるゆえんは、お釈迦さまの『伝道宣言』を十回も引用してあるところにあります。ほかの経典は、まったくそれにふれていません」というお話をされました。

「伝道宣言」というのは、お釈迦さまが鹿野苑《ろくやおん》で五人の比丘《びく》に最初の説法をされたあと、お弟子の数が六十人に達したときに、早くも布教・伝道の宣言をされたことをいいます。お釈迦さまはこう宣言されました。

「比丘たちよ。私はいっさいの束縛から解放され、そなたたちもいっさいの束縛から解放された。比丘たちよ、多くの人びとの利益と幸福のために、諸国をめぐり歩くがよい。一つの道を二人して行かぬがよい」と。

弟子たちはお言葉のとおり、別れ別れになって布教・伝道の旅に出て、お釈迦さまもお一人で、マガダ国の王舎城《おうしゃじょう》へと向かわれました。

そういえば、法華経にはいたるところで「人のためにこの法を説け」「後世のためにこの経を説き広めよ」と説かれています。というのは、そのような菩薩行によってこそ、世の救い、人類の救いが実現するからです。

立正佼成会は、このお釈迦さまの「伝道宣言」をそのまま継承しているのです。多くの宗教教団では、おおむね専門職が「法」を説き、布教をしているのですが、立正佼成会では「入会即布教者」を合言葉に、「一人が一人を導く」ことを実践しています。これが、「一人ひとり別の道を行きなさい」というお釈迦さまのお言葉を忠実に実践していることになるわけです。

佼成会も創立当初は、人びとを「貧・病・争」から救うことが主でしたが、現在は先ほどお話ししたような、人類生き残りのための大事業を日々行なっているのです。そのことを片時も忘れないでほしいものです。

「一人が一人を導く」というのは、会員の一人ひとりが、日常にふれあう人たちに教えを説いて、救いの手をさしのべることです。

大乗仏教は、お釈迦さまがご一生に説かれた数多くの教えを、後世の学僧たちがきちんとした体系にまとめたものですが、もともとは、お釈迦さまがふれあう一人ひとりの苦しみに対して、ケース・バイ・ケースで教え、導き、救われた、具体的な「救い」の教えなのです。

ですから私たちも、一日一日の出会い、ふれあいをおろそかにしてはならないのです。目の前に現われたすべての人が、「救い」の対象であるといっても過言ではないでしょう。

人のために説きしがゆえに

先に「解説が大切である理由は二つある」とお話ししましたが、その第二は、人のために説くことで自分も「法」の真実に徹し、ほんとうの悟りに達しえる、ということです。これはお釈迦さまが、「我先仏《われせんぶつ》の所《みもと》に於《おい》て此《こ》の経《きょう》を受持《じゅじ》し読誦《どくじゅ》し、人《ひと》の為《ため》に説《と》きしが故《ゆえ》に、疾《と》く阿耨多羅三藐三菩提《あのくたらさんみゃくさんぼだい》を得《え》たり」（常不軽菩薩品《じょうふきょうぼさつぽん》）と、言明なさっています。「阿耨多羅三藐三菩提」というのは、「仏の悟り」のことです。ですから、「この教えを人のために説いたので、仏の悟りを得ることができた」と、おっしゃっているのです。人のために説くことが、いかに大事であるかということです。

人さまを法華経の教えに導こうとすると、よほどの人でないかぎり、自分がまだまだ「法」の真実に達していないことがまざまざと感じられます。そこで、解説書を読み直したり、先輩に相談したり、自分で思いをめぐらせてみたりします。そうすることによって、知らずしらずのうちに自分が高まっていくのです。

私の恩師の新井助信先生は、書がたいへんお上手でした。どんな稽古《けいこ》をなさったのかを尋ねてみたところ、「習字塾を開いて、子どもたちを教えているうちに上達してきた」ということでした。小唄や三味線のような芸ごとにしても、人に教えるようになってから、芸に磨きがかかるのだそうです。お導きも、それと同じです。

理論だけを頭に入れようとするのでなく、実地に当たっていろいろな人に接してみて、試行錯誤を繰り返してみてこそ、いわゆる「方便力」が身につき、菩薩としての実力が高まっていくのです。

相手によっては、そっぽを向く人もいるでしょう。反発する人もいるでしょう。そういう人に「何とかして教えをわかってもらおう」という、その努力と工夫が自分を高め、深めるのです。もちろん、素直に聞いてくださり、みごとに救われる人もいます。そういうお導きを達成したときの喜びというものは、何ものにも代えがたいものがあります。

つまりは、実践することです。体験することです。体験をとおして人間性が高まり、体験を重ねてこそ人間としての厚みも加わるのです。

禅の言葉に「一寸《いっすん》座れば一寸の仏」というものがあります。線香が一寸燃える時間だけの坐禅をしても、そのぶんだけは仏の心でいられる、というのです。

私はそれを「一人を導けば、一人ぶんだけの仏」と言い換えたいのです。「仏」というのは「目ざめた人」なのですから、一人を導いてみれば、それだけの「目ざめ」が生じるからです。このことは、私の長年の体験から、太鼓判を押して保証します。

いずれにしろ、法華経は現実に人を救い、世を救うための教えです。ですから、一人でも多くの人にそれをお伝えして、救われていただかなければ、この教えをお説きになったお釈迦さまのお心にお報いできないのです。どうか、このことをしっかりと胸に刻んでますます精進されますことを、心からお願いいたします。

お役のある人

仏の子としてのお役

立正佼成会では「お役」ということを非常に大切にしています。「あの人はお役のある人だ」とか「あなたにはお役があるんですよ」という言葉が、よく聞かれます。

その「お役」とは、支部長や主任という役柄のことだけでなく、会員のみなさんすべてが大事な「お役」、つまり使命をもっている、ということです。それは、私たちが帰依《きえ》する法華経の教えをかみしめると、おのずとわかるはずです。

まず第一に、「方便品」に、仏さまは「一大事の因縁」をもってこの世にお出ましになった、と説かれています。その「一大事の因縁」というのは、すべての人びとを仏道に入らせ、仏と等しい境地に導きたい、という大きな願いです。会員のみなさんはすでに、その仏さまの「一大事の因縁」と直接かかわっているわけですから、みなさんに共通の「お役」といえば、仏さまの子として、仏さまのお使いとして、一人でも多くの人を仏道に導くことに尽きるでしょう。

そうした基本的な「お役」のほかに、教会内のさまざまな「お役」もあります。その大切さも、法華経の教えを考えてみるとよくわかるはずです。そこで、法華経の教えの要点をまとめてみますと……。

一　この世のすべての存在は、「久遠実成の本仏」に生かされている。

二　だから、すべての存在は本質的に平等であり、現象上ではさまざまに違った役目をもっているが、その役目をしっかり果たすところに、それぞれの成仏がある。

三　この世界はすべての存在の共同体であり、すべての存在が協力し合うのが真実のあり方である。そして、その協力が完全に果たされるところに理想社会（常寂光土《じょうじゃっこうど》）の建設が達成される。

この三つのことを見直してみれば、どのような「お役」でも、その大切さがわかってくるものと思います。

人さまを仏道に導く菩薩行

本来、「お役」というものは、人間としてこの世に生まれたかぎり、どんな境遇にあり、どんな仕事についていようと、だれでもりっぱにもっているのです。いや、人間だけではありません。生きとし生けるものすべて、さらには空気や水、土といった無生物でさえ、もっているのです。

たとえば、ミミズは釣りの餌《えさ》ぐらいにしか役立たないと思う人が多いでしょうが、とんでもない。ミミズは絶えず孔《あな》の前方の土を呑《の》みこんで後方へ排出して、常に土を耕しているのです。また、その孔が通気を助け、ミミズが食べた土は肥料となって植物の生育に役立ちます。

ミミズよりさらに小さな土の中の微生物も、じつに大きな働きをしています。小さじ一杯の土に、なんと数億個の微生物がいるそうですが、これらの微生物は落ち葉や動植物の死骸を分解して、土に返す働きをもっています。もし、その働きがなかったら、地球上は動植物の死骸でおおわれて、私たちの住む場もなくなるというのです。

肉眼では見えない微生物でさえ、こうして他のためにりっぱにお役に立っているのです。ましてや人間と生まれたからには、もし世のため、人のために「お役」を果たそうとしなければ、虫けらにも劣ることになるでしょう。

人間には、ほかの生物と違って一つすぐれたところがあります。それは、意識して他のために尽くせることです。ほかの生物は、自分のための働きが自然に他のためになっているのですが、人間だけは意識して他のために働けます。自分の仕事に精を出すような自然な役割だけでなく、積極的に他の利益のために働くことができるのです。

たとえば、ボランティア活動もその一つです。そして、最も価値ある活動が、人さまを仏道に導く菩薩行であることは、いうまでもありません。それが、仏さまが世に出られた「一大事の因縁」に沿いたてまつる働きであることは、最初にお話ししたとおりです。

仏さまからいただいたお役

そのような「利他」の行ないは、他を利するだけにとどまるものではありません。それは、必ず「自利」すなわち自分の利益ともなるのです。というのは、そうした利他行を積み重ねていくなかで、自分が一歩ずつ人格的に向上していくからです。

教会での「お役」もそのとおりで、たとえそれが簡単な「お役」であっても、それをしっかり果たすとき、いいしれない喜びが湧いてきます。それというのも、「お役」を果たしていくなかで、仏さまの「お手配」ということをひしひしと感じとれるからです。それだけでなく、その「お役」は、人間としての最高の理想である仏の境地に近づく一歩なのです。ですから、私は声を大にしていいたいのです。「役とは益なり。また、役とは成仏なり」と。

ただ、現実の問題として、「お役」を厄介だと思う人や、「そんな大役が、私につとまるかしら」と尻ごみする人もいるでしょう。しかし、そこのところで、「これは仏さまからいただいたお役なのだ」と喜んで受けとめるところに、信仰の功徳《くどく》があるのです。仏さまを信じて、「どんなお役でも、万難を排して、果たさせてもらいます」という気持ちになる人が、ぐんぐん救われていくのです。

道元禅師が、こういっています。

「今人云《いわ》く、行じ易きの行を行ずべしと。此の言尤《げんもっと》も非なり。太《はなは》だ仏道に合《かな》わず」と。行じやすい行をしたほうがいいというのは、仏道に適《かな》わない考えである、というのです。

「自分にはつとまりそうもない」と思われるような「お役」を精いっぱいつとめる。それが「仏道に適う」のであって、真の功徳をいただけるのです。どうか、この道元禅師の言葉をじっくり味わってほしいと思います。

仏さまとの深い縁

「仏との縁」を説く法華経

今回は初信の方々のために、私たちと仏さまとの「ご縁」についてお話ししましょう。

いまから千四百年ほど前の中国で、法華経の教理を整然と説き明かして「小釈迦」と呼ばれたのが天台大師智顗《ちぎ》でした。その天台大師が修行中のころに、こんなことがありました。

あるとき、南岳大師慧思《えし》という高僧が、光州（河南省）の大蘇山にいることを知って、天台大師は戦乱のなかを必死の思いでその山を訪ね、弟子入りを願い出たのです。そのとき南岳大師は、若き天台大師をひと目見るなり、こういったといいます。

「昔、霊鷲山《りょうじゅせん》で、そなたと一緒に法華経を聞いた。その宿縁が熟して、そなたはいま、私のところにやってきたのだ」

霊鷲山というのは、お釈迦さまが法華経を説かれた山です。「宿縁」というのは、前世からの因縁のつながりということです。

ところで、天台座主《ざす》（平成二年当時）の山田恵諦《えたい》猊下《げいか》と、中国佛教協会会長の趙樸初《ちょうぼくしょ》先生（同）は、私が最も尊敬する仏教者の先達ですが、昭和六十二年の夏に、私は両師と丸三日間というもの、朝から晩まで法華経の話をして過ごすことができました。そのとき趙樸初先生は、確信をこめ、そしてうれしそうに何度もこういわれたのです。

「こうして三人で法華経の話をしていると、とても楽しい。釈尊が霊鷲山で法華経を説かれたとき、私たちは一緒にその説法を聞いていたに違いありません」

私は一瞬びっくりしたのですが、よく考えてみると、この世で心の底から信じ合える人間同士というのは、前の世から何かの「縁」で結ばれているのだということを、つくづくとかみしめさせられる思いがしました。

私たちが帰依する法華経は、「授記経《じゅきぎょう》」であるといわれています。「授記」というのは、お釈迦さまが弟子たちに「そなたは将来、必ず仏の悟りを得るであろう」と、成仏の保証を授けることです。そして法華経には、大勢の弟子たちに対する成仏の保証が、繰り返し繰り返し説かれているのです。

また、法華経は「歴劫《りゃっこう》修行の経」であるともいわれています。「歴劫修行」というのは、人間は何度も何度も生まれ変わって修行を続けることによって、ついに仏となるということです。

私はその二つに付け加えて、法華経は「仏との縁を教える経」といっていいと思います。初めから終わりまで、仏さまとの深い「縁」について述べているからです。

多くの仏を供養した人

たとえば、お釈迦さまは、「智慧第一」と称えられた大弟子・舎利弗《しゃりほつ》への「授記」に際して、「我昔汝《われむかしなんじ》をして仏道《ぶつどう》を志願《しがん》せしめき」（譬諭品）と説かれ、舎利弗との過去世からの因縁をお説きになっています。

また、長年にわたっておそばに仕えた阿難《あなん》に対する「授記」のくだりでは、「私と阿難は、過去世に空王仏《くうおうぶつ》のもとで、ともに仏になろうと発心をした。阿難は常に法を聞くことを願っていたが、私は常に教えの実践につとめた。それが、私が早く仏の悟りを得た理由である」とおっしゃっています（授学無学人記品《じゅがくむがくにんきほん》）。そのお言葉を聞いて、阿難はたちまち、前世で立てた大願を思い出すのです。

こうして、前世から仏さまと尊い「縁」で結ばれているのは、舎利弗や阿難のような大弟子だけではないのです。私たちも同じです。私たちもまた、何度も生まれ変わるたびに、仏さまに会いたてまつってきたのです。

法華経の「法師品《ほっしほん》」には、こう説かれています。

「是《こ》の諸人等《しょにんら》は已《すで》に曽《かつ》て十万億《じゅうまんのく》の仏《ほとけ》を供養《くよう》し、諸仏《しょぶつ》の所《みもと》に於《おい》て大願《だいがん》を成就《じょうじゅ》して、衆生《しゅじょう》を愍《あわれ》むが故《ゆえ》に此《こ》の人間《にんげん》に生《しょう》ずるなり」

これは、非常に大事な一節です。

「この人たち」（つまり、私たち）は、前世で多くの仏さまを供養し、多くの人を救うという菩薩の願いをなしとげた人であり、本来は浄土に住むべきなのに、この世で苦しむ人びとをあわれむ心から、苦難の多いこの人間の世界に生まれてきたというのです。

実際問題として、私たちはそういう前世のことはすっかり忘れています。けれども、私たちが忘れていても、心のどこかにそういう前世の記憶が刻みこまれているのです。

身近な例で考えますと、私たちは、生まれてこのかた、多くの人からいろいろな教えを受けてきました。両親はもちろんのこと、小学校や中学校の先生、そして町内のおじいさんやおばあさんからも、いろいろと教えられたはずです。その教えをすっかり忘れているのが常ですが、何かの折に、「ああ、あの人からこんなことを教わったことがあった」と思い出すことがあります。

「仏さまとの縁」というのもそれと同じで、もっともっと深いものなのです。そして、仮にそれを忘れていても、あるとき、機縁が熟して仏さまと尊い縁に結ばれていたことに気づくのです。

こう見てきますと、みなさんがいま、仏さまの教えに出会い、仏道に精進されているのは、前世において仏さまとのご縁があったからなのです。それだけの「徳」を積んだ人なのです。どうか、そのことを心の底にかみしめていただきたいものです。そうすれば、「仏さまがいつもそばにいて、見守ってくださっている」という、何ともいえない安心感をおぼえるに相違ありません。

仏との縁を自覚できたら

このように、仏さまとの尊い「縁」をかみしめられたら、自然に生き方が変わってくるはずです。

私は雪深い新潟の山村に育ちましたが、子どものころ、雪まみれになって家に帰ると、祖父が綿入れのなかに私を抱いて、冷え切った体をあたためてくれたものです。その祖父が、いつも口ぐせのようにいっていたのは、

「家族のものがただ稼いで、飯を食っていくだけなら、鉄砲虫（カミキリムシの幼虫）と同じだ。食うだけのことなら、鉄砲虫でもする。人間と生まれた以上、家族のうちのだれか一人ぐらいは、世の中のお役に立つ人間にならなくちゃならん」

ということでした。この口ぐせが幼い私の脳裏に深くしみこんでいたのか、私は困っている人を見ると黙っていることができず、「何とか手助けしたい」と考えるようになりました。そして、みんなが幸せになれる教えを求めて法華経に出会い、立正佼成会を創立することになったわけです。

いまの人たちは、自己本位で自分の利益しか考えないといわれますが、それは世のため、

人のために働く喜びを味わったことがないためでしょう。困っている人の手助けをしたり、悩んでいる人の相談にのってあげたりして、相手に感謝されたときの喜びというのは、ほんとうにうれしいものです。そういう意味では、人さまに喜んでもらえることを実践していくことが、自分が幸せになる早道であるといえるでしょう。

そして、もう一つ心にとめておきたいのは、私たちがふれあう人も、みな、仏さまと前世からの「縁」のある人であるということです。

社会生活のなかでも、よき人間関係を築くためには、相手の人間性を尊重することが大事だといわれますが、それが案外むずかしいのです。そこで「この人は、前世で多くの仏さまを供養し、大願を立てた人だ」というように見ていけば、自然に相手を尊敬できるようになるものです。

もちろん、なかには前世で立てた大願を忘れてしまって、仏さまの道から遠いところにいる人がいるかもしれません。しかし、そういう人には、「仏さまとの縁」を思い出してもらうように、働きかけていけばいいのです。私が「一人が一人を導く」ことを勧めているのも、そのためです。

こうしてこの世界に「自分も仏、相手も仏」という関係が広がっていけば、この世界がそのまま平和境（常寂光土）となるのです。

みなさんが、このことを心にかみしめて、教えの実践につとめ、仏さまとのご縁をますます深めていかれることを願ってやみません。

仏さまに生かされて

道を歩むべく生きる

法華経には、私たちが仏さまに生かされていることが随所に説かれています。

「譬諭品」の、「今此《いまこ》の三界《さんがい》は　皆是《みなこ》れ我《わ》が有《う》なり　其《そ》の中《なか》の衆生《しゅじょう》は　悉《ことごと》く是《こ》れ吾《わ》が子《こ》なり　而《しか》も今此《いまこ》の処《ところ》は　諸《もろもろ》の患難《げんなん》多《おお》し　唯我一人《ただわれいちにん》のみ　能《よ》く救護《くご》を為《な》す」というお言葉もそうです。

仏さまは、私たちすべての人間を「みんなわが子である」とおっしゃるのです。これは、私たちは「仏さまに生かされて生きている」ということです。

そして「諸の患難多し　唯我一人のみ　能く救護を為す」というのは、この世には困難な問題が山ほどあるけれども、仏さまは常に私たちを護《まも》ってくださる、ということです。また、「如来寿量品」では、「常《つね》に法《ほう》を説《と》いて　無数億《むしゅおく》の衆生《しゅじょう》を教化《きょうけ》して　仏道《ぶつどう》に入《い》らしむ」と説かれています。

これも、私たちが「仏道に入ろう」と発心するのは、仏さまが教化してくださったお陰さまで、みんなが仏道に入るように生まれてきて、生かされているというわけです。

そして「如来寿量品」の最後には、「毎《つね》に自《みずか》ら是《こ》の念《ねん》を作《な》す　何《なに》を以《もっ》てか衆生《しゅじょう》をして無上道《むじょうどう》に入《い》り　速《すみや》かに仏身《ぶっしん》を成就《じょうじゅ》することを得《え》せしめんと」とあって、仏さまが私たちを速く仏にしたいと常に念じてくださっている、と説かれています。

こういうお経文を読ませていただくと、私たちが仏さまに生かされていることがはっきりとわかります。こうして、仏さまに生かされていることが明快に示されているのですから、私たちは素直に、まっしぐらに仏道を歩めばいいわけです。

生死は仏の御いのち

仏教では「生《しょう》・老《ろう》・病《びょう》・死《し》」を「苦」の代表として「四苦《しく》」と呼びます。実際、人生にはいろいろな苦労がつきものです。そういうなかで、お互いさまに健康で生きていられて、菩薩行に精進できる。これは自分の力ではなく、仏さまに生かされてのこと、というほかありません。また、私たちは自分が幸せなときに、「仏さまに守護されている」「仏さまに生かされている」と思いますが、そうではありません。

思わぬ大病をした、家族が交通事故に遭った、会社が倒産したというようなとき、私たちは仏さまに見放されたような思いになりがちです。ところが、そういうときこそ、仏さまが救いの手をさしのべてくださっているときなのです。

ある壮年の方が、こんな体験説法をされたことがあります。その人はレストランを手広く経営していたのですが、次第に借金が増え、お店を一軒、二軒と手放さなければならなくなります。そのうえ自分も大病で手術を受けることになって、絶望の淵《ふち》に沈みます。それでも、どうにか手術も成功し、少しずつ健康も回復しました。ある朝、目がさめたとき、鳥のさえずりが耳に入ってきます。「ああ、私は生きている」と思った瞬間、以前に幹部さんから聞いた「あなたは仏さまに生かされているのですよ」という言葉を思い出すのです。

それまで、自分の力で会社を大きくし、どんな苦難も切り開いてきたと思っていたその人が、それからというもの、「仏さまに生かされていることに感謝できる毎日に変わった」というのです。

私たちは、悪いことが何も起こらず、よいことが続くことを願いがちです。そして、そういう状態が続くと、それが自分の力であるかのように思います。ところが、「私は自分の力で生きているのだ」とかたくなに身構えていると、仏さまのご守護も頂戴《ちょうだい》できなくなり、娑婆《しゃば》の「苦」に追いまわされることにもなるのです。

道元禅師は『正法眼蔵《しょうぼうげんぞう》』のなかで、「この生死は、すなわち仏の御いのちなり。これをいといすてんとすれば、すなわち仏の御いのちをうしなわんとするなり」と説いています。

これは、「生老病死」をはじめとするもろもろの「苦」が、そのまま仏さまの「お慈悲」であるということです。何はともあれ、私たちは仏さまの「御いのち」を頂戴して生まれてきたのであって、病むのも、老いるのも、そして死んでいくのも、そのまま仏さまの「御いのち」であり、仏さまの大慈悲のまっただなかにある、ということです。

「苦」があればこそ、そこから救われたときの喜びがあるのです。そしてその「苦」は、仏道を歩むという、人間にとってほんとうの幸せに導いてくださる、仏さまの大慈大悲の「お手配」にほかならないのです。

生かされている喜びを伝える

「仏さまに生かされている」ことを常に味わういちばんの方法は、毎日のご供養をすることです。朝な夕なに経典を読誦させていただくと、そのたびに「仏さまに生かされている」という、喜びと感謝がこみあげてきます。

「仏さまに生かされている」という喜びがあれば、まわりの人に話をするのでも、柔和な態度で接するようになります。相手が悩んでいるようなときは、「こうすればよくなりますよ」「仏さまの教えはこうですよ」と、教えてあげるようなこともできます。そして、自分が生かされていることを自覚できていない人に、「あなたは、仏さまに生かされているのですよ」と、目を開いてあげることができるのです。それが、「仏さまに生かされている」私たちの役目であり、また修行であるということです。

私は折にふれ、各地の教会にお参りさせてもらいます。どこでも大勢の会員さんが大喜びで迎えてくださいますが、そんなとき私は、「仏さまに生かされている人が、こんなにたくさんいる」という感激でいっぱいになるのです。

この「仏さまに生かされている」という喜びは、かみしめればかみしめるほど、行じれば行じるほど、大きくふくらんでいくのです。みなさんも、「仏さまに生かされている」という喜びを、声を大にしてまわりの人たちにお伝えしていってください。

世界を大きなサンガとしよう

サンガは仏道のすべて

常随の弟子・阿難が、サンガについていろいろと考えた末に、お釈迦さまに、「善い友・善い同信者をもつことは、仏道の半ばにも当たると思いますが、いかがでしょうか」とお尋ねしたことがあります。そのときお釈迦さまは、「いや、半ばではない。善き仲間とともにあることは、仏道のすべてである」と、お答えになっています。

仏教徒としての基本的条件として「三宝《さんぼう》帰依」があります。仏に帰依し、法に帰依し、僧に帰依するのが、釈尊教団の一員としての必須条件でした。このうち、仏さまに帰依し、法（教え）に帰依することは常に念頭にあっても、僧（僧伽《そうぎゃ》＝信仰者の結合体・サンガ）に帰依する思いは、ともすれば薄れがちではないでしょうか。

お釈迦さまのお言葉の「すべてである」というのは、「それによって完成する」「それがなければ成就しない」という意味に解釈すべきであると私は思います。

というのは、私たちが一人でポツンと孤立して信仰しているときは、つい怠け心を起こしたり、疑惑を生じたり、生活上のさまざまな欲望に負けたりしがちです。そのようなとき、同信の仲間がいて、あるいは励まし、あるいは諫《いさ》め、あるいは考え方の方向を示してくれたりすれば、そういった危機を乗り切ることができます。

また、危機の回避だけではありません。私たちがある輝かしい信仰体験を得たとき、その喜びを語る相手がいて、相手とともに「法」の確かさを証《あか》し合うことがどれほど楽しいことか。それがどれぐらい、お互いの信仰を深めうることか。これがまた大切なことなのです。

法華経にも、そうした証明し合うことの大切さが説かれています。お釈迦さまが「法」をお説きになっただけでは、法華経は完成したわけではないのです。「見宝塔品《けんほうとうほん》」で多宝如来が出現されて、お釈迦さまが説かれた「法」を、宝塔のなかから「善哉《ぜんざい》、善哉。釈迦牟尼仏の説く法は真実である」と証明されたときに、初めて完成したのです。お釈迦さまと多宝如来の二如来が宝塔のなかに並んで座られたお姿こそが、その完成の象徴なのです。ですから、立正佼成会の会員が、法座で体験を話し、「法」のありがたさを証明し合うことは、法華経の教相から見ても不可欠の重要事なのです。

法華経の信者は多宝如来

ですから、信仰することで得られた功徳をまわりの人に話すことのできる人は、とりもなおさず「多宝如来」にほかなりません。

日蓮聖人が佐渡に流罪になったとき、その地の念仏者・阿仏房《あぶつぼう》は、ご聖人のことを阿弥陀如来の怨敵であるとして、斬り殺そうと思っていました。ところが、ご聖人の人格と識見に敬服して、夫婦ともども弟子になったのでした。

その阿仏房が、「多宝如来涌現の宝塔はどんなことを意味しているのでしょうか」と手紙で質問したのに対して、日蓮聖人はこう答えておられます。

「末法に入って法華経を持《たも》つ男女《なんにょ》のすがたより外《ほか》には宝塔なきなり。（中略）南無妙法蓮華経と唱うる者は、我が身宝塔にして我が身又多宝如来なり。妙法蓮華経より外に宝塔なきなり。（中略）然《さ》れば阿仏房さながら宝塔、宝塔さながら阿仏房、此《こ》れより外の才覚《さいかく》無益《むやく》なり」（「阿仏房御書」）

この「此れより外の才覚無益なり」という一句、まことに信仰の究極を突いた重みのある言葉です。才覚（世間的な才知や学問）などは無用である。素直な、真心からの信仰こそが大事なのだ、というのです。

立正佼成会のみなさんは、法華経にご縁をいただいた人であり、朝夕に「南無妙法蓮華経」を唱えている人ですから、みんな「多宝如来」なのです。お釈迦さまと半座を分かって並んで座れるほどの人なのです。そうした自覚をもっていただきたい。それは増上慢《ぞうじょうまん》ではありません。当然の自負なのです。

「長者窮子《ちょうじゃぐうじ》のたとえ」で、窮子が究極の救いに達するのに二十年もかかったのは、そうした自覚・自負がなかったからです。長者（仏さま）のほうでは、わざわざ汚れた身なりをして窮子に近づいていきます。そして「これからは親子のようにしよう」とまでいってくれるのです。それなのに窮子は、やはり自分を「愚かな人間」と思いこんでいたのです。

みなさんも、これまでは自分を「窮子」と思いこんでおられたかもしれません。けれども、法華経を知ったからには、もはや「窮子」ではありません。仏さまの実子であり、後継ぎなのです。その真実をもう一度かみしめ直してみてください。まことに、これよりほかの才覚は無益なのです。

仏性の呼応するサンガに

こう見てきますと、信仰の世界というのは、「仏と人」「人と人」との相互の呼応によって成り立っていることが、ハッキリわかってきます。いや、信仰の世界にかぎるものではありません。この宇宙全体が、万物万象の相互の呼応、もちつもたれつによって成立しているのであって、人間世界のすべても同じなのです。

では、人間相互の呼応の働きを、高く美しく完成させるものは何でしょうか。いうまでもなく、愛情にほかなりません。「慈悲」にほかなりません。愛情が愛情を呼び、慈悲が慈悲を育てるのです。

このあいだ、心あたたまる話を「中外日報」の社説に見つけました。それは朝日新聞の「ひととき」欄の投書によるものでしたが、福島市に住む一人のシスター（カトリックの修道女）が上京して、福島に帰ろうとした駅で、粗末な身なりの男にお金をせびられた、という話です。

シスターたちは、昔の比丘や比丘尼と同じように、金銭の私有を許されておらず、修道院の用事で外出するときも、必要最小限の費用しかもたされていません。それで彼女は当惑しながら、小さな財布を出して計算し、「帰りの汽車賃を引くと、あなたにあげられるのはこれだけです」と、残りの小銭を全部、その男に渡しました。

すると、男はそれを見てびっくりし、「これじゃ、弁当も買えないでしょう。おれのほうがあんたよりもっているから、やるよ」といって、千円札を出した。もちろん、シスターは断りましたが、最後には「ありがとう」といって受けとらざるを得ません。まわりでことのてんまつを見ていた人たちのあいだから、あたたかい拍手が湧き起こった、というのです。

そして、その投書をした人は結びに、

「その男も、人に施しをした喜びを反すうしつつ、このことが新しく〝与える人生〟への出発点になったかもしれぬ」と、記していたというのです。

私はこれを読んで、「ああ。すべての人間に仏性があるという仏さまの教えは、ほんとうなんだ！」と、いまさらのように感動しました。

いまの世の中には、あまりにも汚い、いやしい話が多すぎます。マスコミはそういう話を多くとりあげる傾向があるので、あちこちにあるはずの、こういう美しい話が耳に入りにくいのでしょう。そのために、「愛情が愛情を呼ぶ」相互呼応の働きが育ちにくいのだと思います。

私たち信仰者は、世相のみにくい部分に目をつぶってはいけませんが、むしろ積極的に目を向けるべきは、やはり「仏性」が一瞬パッと輝く部分でありましょう。その事実をお互いが語り合い、感動し合うことによって、その相互呼応によって、お互いの人間性が一段と高まっていくのです。

立正佼成会は、こうした働きをめざすサンガなのです。まず、このサンガをりっぱに完成させましょう。そして、その働きを無限に広げ、人類社会を大きなサンガとする夢と理想をもちましょう。仏道の完成はそこにあるのですから。

第二章

人とつながるために

嫌いな人を好きになる

好き嫌いは「自分のわがまま」

この春に就職したり、配置換えになったりして、新しい職場について三か月余りがたって、上司や同僚との人間関係に好き嫌いが生じるころあいになってきました。好きになるのはいいとして、嫌いな人ができるのは困ったことです。ストレスの原因にもなりますし、「あの人が嫌いだ」「この人が嫌いだ」といっていると、それだけ世間が狭くなります。ですから、嫌いな人を作らないことと、嫌いな人も好きになる工夫が必要になるでしょう。

好き嫌いは感情の問題ですから、それを逆転させるのはむずかしいことですが、不可能ではありません。というのは、人間の心は案外変えやすいものだからです。考えてもごらんなさい。鉄を金に変えることができますか。木をアルミニウムに変えることができますか。それに比べて、心というものはじつに流動的なものなのです。

では、どうしたら嫌いな人も好きになれるのか。それには、大きく分けて三つの方法があると思います。

第一は、自分自身を省みることです。好き嫌いには「自分のわがまま」という要素が多分にあります。それをよくふり返ってみることです。たとえば、きついことをいってくる人は嫌いな人と片づけがちですが、そのきつい言葉が、自分では気づけない欠点や短所を教えてくれるお師匠さんなのです。そこで、まず自分の考え方を変える努力をする。そうして自分が変わっていくと、ひとりでに相手も変わってくるものです。これは、私が何十万という会員さんに接した経験から、太鼓判を押していえることです。

相手の表面にとらわれない

第二に、相手の表面の言動だけでなく、その奥の真実の相を見ることです。ズケズケものをいう人は、あっさりした、腹蔵のない人が多いものです。いろいろと注文をつける人は根が親切で、ちょっとお節介だという程度のことでしょう。

「無量義経《むりょうぎきょう》」には、「人びとは目の前の現象だけを見て、これは善い、これは悪い、これは得だ、これは損だと勝手に計算して、苦しんでいる」という意味の一節があります。

私たちは、人に対しても、ものごとに対しても、ふつうは善悪や好き嫌いによって判断することが多いものですが、正しい見方というのは、そういう表面的な分別を超えたところにあるというのです。

正しい見方からいえば、どんな人でも「仏性《ぶっしょう》」をもっているのです。そして、その「仏性」の表面をおおっているさまざまな不純物のほうが、私たちの目につきやすいというだけのことです。そこで、そういう表面の相にとらわれずに、その奥にある「仏性」を見るように心がけていけば、嫌いな人も好きになれるはずです。それだけでなく、仏さまに生かされているもの同士だという気持ちが湧いてくるでしょう。

第三としては、柔らかな心をもつことです。仏教では「柔軟な心」ということを強く説いています。これが、人間関係をなごやかに保つ大事な要件なのです。

心の扉を固く閉ざしていると、人さまの言動がことごとにその扉に突き当たって跳ね返っていきます。それでは相手の気持ちを受けとめられないだけでなく、相手も気分を害してしまうでしょう。

反対に、常に柔らかな心をもち、心の扉をおおらかに開いていると、人さまの言動も柔らかに心に入ってきて、どんなことでも善意に解釈できます。こちらが常に善意で接していけば、以心伝心ですから、相手も素直に善意を表に出してくれるようになります。そこに「和」が生まれるのです。

嫌いな人に出会ったときでも、「この人は仏さまのお使いなのだ」と柔らかな気持ちで受けとめる――そうなると、仏さまとの「縁」がいちだんと深まっていくのです。

「法の子」を育てる

これまでは、「相手の言動をどう受けとめるか」という立場から考えてきましたが、自分がもっと大きく高まり、職場や社会も円滑に進歩向上していくためには、もう一歩進んだ考え方が必要でしょう。

というのは、こちらから積極的に親切を尽くす、奉仕をする、助けるといった行ないをとおして、自分と相手のあいだに何ものかを育てていくような、ちょっとした心がけが必要なのです。そうしてお互いが親切にし合い、奉仕し合い、助け合い、育て合っていくと、その働きが響き合って、職場も社会も明るく、あたたかく向上進歩していくのです。

仏教で「布施《ふせ》」を菩薩行《ぼさつぎょう》の第一にあげているのも、立正佼成会で「一人が一人を導く」ことを目標としているのも、自ら進んで働きかける積極性を重視しているからにほかなりません。

「一人が一人を導く」というのは、つまりは「法の子」を育てることです。子どもが生まれると、親はその子を育てることに心を砕きます。育児の本を読んだり、経験者に話を聞いたりして、子どもが健全に育つように懸命になります。「導きの子」を育てるのも同じことです。迷うこともあるでしょうし、そっぽを向かれることもあるでしょう。そうしたいろいろな体験や試行錯誤を乗り越えていくところにお互いの高まりがあり、喜びがあるのです。

人を育てることは、人間にとって大きな喜びの一つでしょう。お互いに切磋《せっさ》琢磨《たくま》していく関係に目をとめれば、その人は何ものにも代えがたい、ありがたい人になるはずです。

「嫌いな人を好きになる」という問題にしても、自分自身を省みて自分が変わり、相手の真実の相を見、柔らかな心をもつという三つの方法だけでなく、何らかの形で相手に尽くすという積極性が、最後の決め手となるものと信じます。

仏さまのような気持ちで

慈悲から生まれる方便

近ごろ、会員の方々から、「一人でも多くの人に教えをお伝えしたいと努力していますが、なかなか聞いてもらえません」という、嘆きをよく耳にします。そういう悩みに対する私の答えはただ一つ、「仏さまのような気持ちで説きなさい」、これに尽きます。

お釈迦《しゃか》さまは法華経の「方便品《ほうべんぽん》」で、「若《も》し法《ほう》を聞《き》くことあらん者《もの》は　一《ひと》りとして成仏《じょうぶつ》せずということなけん」と、キッパリと保証しておられます。ですから、そのお言葉を体して、自信をもって「法」を説けばいいのです。そして、問題はその「説き方」なのです。

お釈迦さまご自身も、悩んでいる人、苦しんでいる人の一人ひとりに対して、ケース・バイ・ケースで現実的な指導をなさったのです。いわゆる「万億《まんのく》の方便」を用いられたのです。

たとえば、死んだ赤ちゃんを抱いて、「だれか、この子に薬をください！」と泣き叫んでいる母親に、「いい薬を教えてあげよう。一人も死人を出したことのない家から、ケシ粒をもらってきなさい」といわれました。その母親が町じゅうをまわってみても、死人を出したことのない家は一軒もありません。そこでハッと気がついたわけです。「死んだのは、この子だけではないのだ。お釈迦さまは、そのことを教えてくださったのだ」と。そして、正気に返ることができたのです。

このような「方便」も、心底から「その人を救ってあげたい」と思う慈悲心があってこそ、生まれてくるのです。

あるとき、比丘《びく》たちが全部出はらった精舎で、腹痛で苦しむ比丘が、自分のもらした大小便にまみれて転げまわっていました。それを発見されたお釈迦さまは、その比丘を外へ連れ出され、汚れた衣を脱がせて体じゅうを拭いて、洗った衣に着替えさせてあげました。部屋もきれいに掃除し、新しい草を敷いてその上に座らせました。そのあとで、人間としての生きる道を、きわめて簡単にお説きになりました。すると、比丘は心身ともに安らかになり、その後、ついに尊敬される人になったといいます。

この事例からも、「慈悲がすべての原点である」ということを、しっかりと胸に刻んでおかなければなりません。仏さまのような慈悲心があり、慈悲の行ないがあれば、それは必ず相手に通じます。

どんな人でも仏さまと同じ性質、「仏性」を授かっています。真理を悟る素質をもっています。しかし、それはまだ卵です。卵は、あたためなければ雛《ひな》に孵《かえ》りません。卵をあたためる母鶏の胸が、慈悲心にほかならないのです。

法を説かなければこの世は滅びる

ところで、初めから上手に「法」を説けるものではありません。やはり、経験が必要です。弓道でも、初めからただの一発で的に当てる人はいません。たいていの人が的外れです。それでも何回も稽古《けいこ》すると、たまに当たるようになる。それを繰り返して、ビシッと当たることが多くなるのです。

お導きや手どりでも、そうです。法座で多くの人の悩みを聞き、「結び」を聞いて、手どりやお導きを繰り返す。そうしているうちに、顔を見ただけで「あなたは、こういう悩みがあるんじゃないですか」とピタリと当て、「それはね、こういう考え方をしたら、すぐに幸せになりますよ」と、自信をもっていえるようになるのです。

とにかく、説いてみることです。聞こうともしない人もいるでしょう。聞いてもわかってくれない人もいるでしょう。それでも、悲観してはなりません。常不軽菩薩《じょうふきょうぼさつ》のように、「あなたは仏になれますよ」と常に呼びかけを続けるところに、自他ともに救われる道が開けるのです。

ところで、お釈迦さまが悟りを開かれたとき、「この深遠な真理を説いたところで、わかってくれる人はないであろう」とお考えになり、「説くべきか、自分の胸一つにしまっておくべきか」と、お悩みになりました。

そのとき、そのお心を察した梵天《ぼんてん》（古代インドの最高神）が、「ああ、この世は滅びる。正しい『法』を悟った人が、それを説かなければ、この世は消滅する」と嘆き、お釈迦さまの前に現われて「法」を説くことを懇願したのです。

これは初期仏教の「阿含経《あごんきょう》」で説かれている話ですが、法華経の「化城諭品《けじょうゆほん》」には、この「梵天勧請《ぼんてんかんじょう》」について次のようにあります。

「爾《そ》の時《とき》に諸《もろもろ》の梵天王《ぼんでんのう》、偈《げ》をもって仏《ほとけ》を讃《ほ》め已《おわ》って、各《おのおの》是《こ》の言《ことば》を作《な》さく、唯願《ただねが》わくは世《せ》尊《そん》、法輪《ほうりん》を転《てん》じて衆生《しゅじょう》を度脱《どだつ》し、涅槃《ねはん》の道《どう》を開《ひら》きたまえ」

つまり梵天は、「世尊がお悟りになった『法』を説いて、人びとを迷いから救い出し、悟りにいたる道を開いてください」と、お願いしたわけです。

ところで、この「正しい『法』を説かなければ、この世は滅びる」という梵天の言葉は、二十一世紀にかけての人類の運命にも当てはまるように思われます。仏法を――せめて「少欲知足」の教えだけでも――世界じゅうの人びとが胸に刻んで実行しなければ、人類は滅亡への道を歩くほかないのです。

立正佼成会のみなさんは、こうした大きな使命を担っていることを自覚し、大いなる情熱をもって布教に精進《しょうじん》していただきたいものです。それこそが、一切衆生を救おうという仏さまのお心に沿う菩薩道であると確信します。

身近な一人を救う

そのためにも、やはり身近な一人ひとりを、悩み苦しみからお救いすることが第一となります。人びとを「貧・病・争」から救ったのは草創期のことだと考える人もいるでしょうが、現在でも新しい形の「貧・病・争」が数多く生まれています。

ですから、法華経を繰り返し読誦《どくじゅ》し、解説書を読み返し、その真実を身につけることによって、時々刻々に変化する世の中の情勢を見極めることのできる智慧《ちえ》をいただかなければなりません。そうでなくては、接する一人ひとりの悩み苦しみも理解できず、したがってそれに適応する「方便」も湧いてはこないのです。

最後にお話ししておきたいのは、みなさんが説かれる仏法が、その場においてすぐに歴然とした結果を生じなくても、それは相手の心の奥に貴重な種をまいたものと心得てほしい、ということです。まかれた種は、いつか、何かの機会に必ず芽を吹くのです。それを信じて、臆《おく》することなく、倦《う》むことなく、菩薩行に挺身《ていしん》されることを切に願ってやみません。

仏さまのご恩に報いる

生かされているように生きる

私たちは常に仏さまのご守護を受けているのですから、自分にできることで「仏さまのご恩に報いていきたい」という気持ちが大事です。では、そのご恩に報いるには何をすればいいのでしょうか。

私たちが帰依《きえ》する仏さまは、「久遠実成大恩教主釈迦牟尼世尊《くおんじつじょうだいおんきょうしゅしゃかむにせそん》」とお呼びします。「如来《にょらい》寿量品《じゅりょうほん》」に示されているように、「久遠実成の本仏」と、この世にお出ましになった「釈迦牟尼世尊」はもともと一体なのですが、そのご恩を考える場合は、久遠のご本仏さまと仏教をお説きくださったお釈迦さまを、分けて考えるほうがいいでしょう。

まず第一に心がけたいことは、私たちは「宇宙の大生命」ともいえる「久遠実成の本仏」に生かされているのですから、「生かされているように生きる」ということです。人それぞれに役目があって、この世に生かされているのです。そのことを常に意識して、その役目を大切にして、それを果たすなかで自分を磨いていくことです。仏教ではそれを「精進」といいますが、この「精進」こそが仏恩に報いる第一歩なのです。

次に、「久遠の本仏」は私たち人類だけでなく、あらゆる生物から無生物にいたるまで、すべてを生かしてくださっています。そのことが胸の奥に落ちると、「私は自分で生きているのではなく、久遠の本仏に生かされ、ひいてはすべての人びとや万物に支えられて生きているのだ」という思いが、しみじみと湧いてきます。

そして、「久遠の本仏」のご恩に報いるためには、自分と同じように生かされている人びと、動植物たち、そして空気、水、大地といった無生物にいたるまで、きょうだいとしての友情をもち、いたわり、親切を尽くさなければならないことがわかってくるはずです。

その行為を「布施」といいます。

こういう「精進」と「布施」の実践こそが、久遠実成のご本仏さまのご恩に報いる道なのです。

教えを伝えることが最上の道

それでは、お釈迦さまのご恩に報いるにはどうしたらいいのでしょうか。

これも、じつは「布施」なのです。それも、「布施」のなかで最高の「法施《ほうせ》」です。お釈迦さまが説かれた教えを多くの人にお伝えして、その教えをしっかり身につけるために、仏道に入るように導いてあげることです。

「無量義経」の言葉を借りれば、「菩薩《ぼさつ》の未《いま》だ発心《ほっしん》せざる者《もの》をして菩提心《ぼだいしん》を発《おこ》さしめ」ることです。「菩提心」というのは、自ら仏の悟りを求めると同時に、人びとを教化しようと願う心で、いわば「菩薩」としての自覚といえるでしょう。

ところで、お釈迦さまが説かれた教えは「八万四千《はちまんしせん》の法門」といわれるほどたくさんありますが、法華経はその最上・最高の教えであって、お釈迦さまのご本懐が説かれている経典です。「方便品」に、「若《も》し法《ほう》を聞《き》くことあらん者《もの》は　一《ひと》りとして成仏《じょうぶつ》せずということなけん」と説かれているように、すべての人を目ざめさせ、最高の幸せに導く教えなのです。

ですから、一人でも多くの人に法華経の教えをお伝えすることは、お釈迦さまの大恩に報いる大道であると断言していいでしょう。

いま、人類にとって最大の問題は、地球環境の危機です。これを解決しなければ、そう遠くない将来に地球も人類も破滅するだろうと危惧《きぐ》されています。それを解決するのは何かといえば、とくに先進諸国の人びとの「貪欲《とんよく》」を抑制することです。「物質的にもっと繁栄したい」「もっと安楽に、もっと便利に生活したい」という「貪欲」が、現在のような環境危機を生み出したのです。

法華経には、そのことがちゃんと説かれています。「譬諭品《ひゆほん》」に「諸苦《しょく》の所因《しょいん》は　貪欲《とんよく》これ本《もと》なり　若《も》し貪欲《とんよく》を滅《めっ》すれば　依止《えし》する所《ところ》なし」とあります。また「普賢菩薩勧発品《ふげんぼさつかんぼっぽん》」には、法華経を受持する人は「少欲知足《しょうよくちそく》にして能《よ》く普賢《ふげん》の行《ぎょう》を修《しゅ》せん」と説かれています。

この「貪欲を滅すること」と「少欲知足を実行すること」が、地球と人類を破滅から救う一大事なのです。

そういう意味でも、法華経は人類全体を幸せに導く大指針ですから、これを説き広めることこそ、お釈迦さまの大恩に報いる最上の道なのです。法華経の「嘱累品《ぞくるいほん》」には、人びとに法華経を説き聞かせて正法《しょうぼう》に導く人は、「已《すで》に諸仏《しょぶつ》の恩《おん》を報《ほう》ずるなり」と、明記してあります。

自分を忘れて、人さまを

ところで、人を仏道に導くときの大事な心得は、「この方に、ほんとうの幸せをつかんでいただきたい」という慈悲心で導くことです。

比叡山《ひえいざん》に延暦寺を開いて、日本の天台宗の開祖となったのが伝教大師最澄《でんぎょうだいしさいちょう》です。その伝教大師が、「己を忘れて他を利するは慈悲の極みなり」とおっしゃっています。この言葉をよくよく味わっていただきたいと思います。

自分のことは忘れて、人さまに親切にする。悩みを解決してあげる。それが「菩薩」の行ないなのです。

人間、「法」に入らないうちは、人生の生き方が定まらず、暗中模索で右往左往し、周囲のものごとの変化に一喜一憂するものですが、仏法に入ると、一本の道、つまり他のために尽くす喜びが自覚されてきて、心が定まるものです。その一本の道にのせてあげたいという慈悲心で導くことが、ほんとうのお導きなのです。

いま、これを読まれている方の大部分はすでに、その「道」をだれかに教えられ、導かれた人でしょう。それも、おおもとは大恩教主釈迦牟尼世尊のお導きなのですが、みなさんはそのご恩を実感されているでしょうか。なかなか実感できないという人は、ぜひ、一人でもいいから、どなたかをお導きしてみてください。

「子をもって知る親の恩」という言葉もあるように、導きの子をもってみると、自分を導いてくれた人の恩も身にしみてわかります。そして、そのおおもとであるお釈迦さまのご恩も実感できるでしょう。

繰り返すようですが、「あの方にも幸せになってもらいたい」という気持ちで、法華経の教えをお伝えしていくことが、仏さまの大恩に報いる道なのです。

人をはぐくむ喜び

祖父と父の教え

私がいまでもありがたく思うのは、いい祖父といい父に育てられたことです。そのお陰さまで、私もいつしか多くの人を導き育てることを生きがいとするようになり、人をはぐくむ喜びを存分に味わうことができたと思うのです。

私が生まれ育った新潟県の菅沼という村は、雪が三メートルも積もる屈指の豪雪地帯です。冬になると、子どもたちは細い竹に針金を通して結わえた手製のスキーを作ってもらい、一日じゅう雪まみれになって遊んだものです。

倒《こ》けつ転《まろ》びつしていて、夕方になると着物のすそに小さなツララが下がってきます。唇や手の甲を紫色にして家に帰ると、祖父が私をつかまえて、「こら、凍えちまうじゃないか」といって、クルリと着物を脱がせて自分の綿入れのなかに入れてくれました。祖父の背中はあたたかく、とてもいい気持ちでした。そうして自分の肌のぬくもりのなかに私をすっぽり包みこんで、祖父はいつもこう言い聞かせるのでした。

「なあ、鹿《しか》（私の旧名は鹿蔵《しかぞう》）よ。わしはおまえがかわいくてしょうがない。おまえも大人になったら、世のため、人のためになる人間になるんだぞ」

まだ幼い私には、「世のため、人のためになる人間」といわれても意味がわからないのですが、祖父の背中で何度も聞かされるうちに、それがいつのまにか心に深くしみこんでいったように思われます。

父は口数の少ない実直な農夫ですが、仕事はものすごく達者で、村の人たちから神さま扱いされたほどでした。私は小学生のころから、鍬《くわ》で畑を耕したり、鎌で草を刈ったりすることを教わりましたが、父の仕事ぶりを見ていると、ほんとうに神さまのように見えました。

それに教え方も上手で、「鎌はこう握って、こう構えて、こう切りこむ」と、実際にやってみせるのです。教えられたとおりにすると、子どもでも楽に草が刈れます。それがうれしくて、父の仕草を一心に真似ているうちに、田を耕す馬の鼻とり（誘導）のようなきつい仕事も、一人前にできるようになったのです。

こうして祖父と父のことをお話しするのも、そこに人を育てていくうえでの大切なポイントがあると思うからです。

羽で包むように

「はぐくむ」という言葉のもともとの意味は、「羽包む」だったようです。親鳥は卵を全身の羽で包んであたため、孵った雛を羽で包んで外敵から守りながら育てます。そこで、大事に大事に育てることを「はぐくむ」というのです。

祖父が、自分の着ている綿入れのなかに私を入れてすっぽりと包み、「人のためになる人間になるんだぞ」と繰り返し言い聞かせたのも、そっくりそのまま、私をはぐくんでくれたのです。同じことを教えられるのでも、畳に正座させられて、厳しい口調でいわれたのでは、これほど心にしみ入ることはなかったと思います。これが、単なる「育てる」と「はぐくむ」との違いです。

人を教え育てるうえでもう一つ大切なことは、私の父のように、正しいやり方を率先して実行して見せることです。そうすれば、教えられる人のほうも、見習うことの楽しさを知るようになるのです。

慈しみの眼で見る

こうして育った私は、人さまを法華経の信仰に導き、はぐくむことを生涯の仕事とする身となりました。一人、また一人と導いていくうちに、いつのまにか現在の立正佼成会になったのですが、人を導き育てることは苦労でも何でもなく、何ともいえない喜びなのです。世の中に、これほど幸せを味わえる仕事はないと思います。

人を育てていくうえで大事なことは、私の経験からすると、その人の得意なところを見いだしてあげることだと思います。人はだれしも、より向上したい、人さまの役に立ちたいという「仏性」をもっています。ですから、その発露を慈悲のまなざしで見ていけばいいのです。それが「はぐくむ」ということで、祖父や父が私にしてくれたのも、そういう慈しみの接し方だったのです。

一方では、「人はみな、欠点やくせを抱えているのだから、そこをきちんと直させなければ、一人前の人間に育たない」という考え方もあるようです。けれども、批判されるとだれでも気持ちが沈んだり、しぼんだりしてしまうものです。欠点にだけ目をやるのでなく、なごやかな気持ちで「どこかに仏性が発露しやすいところがあるはずだ」と、長所を見いだしていくことです。

お経文に「慈眼《じげん》をもって衆生《しゅじょう》を視《み》る　福聚《ふくじゅ》の海無量《うみむりょう》なり」（観世音菩薩普門品《かんぜおんぼさつふもんぼん》）とあるように、人さまを慈しみの眼で見ていくとき、「福聚海無量《ふくじゅかいむりょう》」という幸福感や喜びにあふれた結果になるのです。

現実の社会ではいろいろむずかしい点もあるでしょうが、実生活と佼成会での修行を相撲にたとえて、「職場や家庭での生活を本場所とすると、佼成会の法座は稽古場だ」といわれます。

それは、実生活で失敗を繰り返さないために、幹部さんが「ああしなさい」「こうしなさい」と、こと細かに指導してくれるからです。また、私の父が草の刈り方を見せたように、手とり足とりで、具体的な実践方法を教えることもあります。ですから、法座は「はぐくみ合い」の場であり、親鳥の羽のような役割を果たしているのです。

人を育てる、人を教え導く、これほど喜びの大きな仕事はありません。それこそが「仏性」を発揮しての菩薩行だからです。そうして人を育てていくうちに、自分自身が自然に向上できて、自信がそなわってくるのです。そして、多くの人を導き育てるほどに、人をはぐくむことが喜びとなり、おのずと大きな「徳」を授かっていくのです。

仏さまの衣を着る

「柔和」が人間関係の大事

いまの日本で、多くの人がいちばん求めているものは何かと考えますと、つまるところは精神的な安らぎ、精神的な豊かさだと思います。なかでも人間関係は最大の関心事で、まわりの人たちとのあいだに、なごやかな心のふれあいをもちたいというのが、多くの人たちの願いでしょう。

私たちはとかく、「自分の力で、自分の人生を生きている」と考えますが、人生は、そんな簡単なものではありません。

よくいわれることですが、「人」という字は、一本の棒をもう一本の棒が支えています。この字の成り立ちが教えているように、人は互いに寄り添い、支え合うことで人となっていくのです。

ところで、棒の長さには長短の差があります。長いほうが主役、短いほうが脇役でしょうか。そう考えてもいいのですが、支えているようでいて支えられている、支えられているようで支えている、というのが人間関係の実際でしょう。支え合うことの尊さに、何らの違いもないのです。

ですから、「自分は多くの人に支えられて生きているのだから、自分もまた、まわりの人を支えるような生き方をしよう」と考えるのが、ごく自然な考え方といえるでしょう。たとえば、自分がだれかの役に立てたとき、何ともいえないうれしい気持ちがこみあげてきます。そういう喜びは、だれしも体験されているはずです。

そこで、自分のまわりになごやかな人間関係を広げていくヒントとして、みなさんに考えていただきたいのは、法華経の「法師品《ほっしほん》」にある「如来《にょらい》の衣《ころも》を著《き》」という一句です。「如来の衣」とは何かについて、お経文には、「如来《にょらい》の衣《ころも》とは柔和忍辱《にゅうわにんにく》の心《こころ》是れなり」と説かれています。

「柔和」というのは、文字どおり柔らかで、なごやかな心です。人と対立して、批判したり刺したりするようなトゲトゲしい心でなくて、まわりの人を大きく包みこみ、出会った人たちと大きく調和する精神です。

これからの時代は、「自分の力で生きている」という考え方ではなく、「すべての人、すべてのものに生かされている」という考え方が大事になっていきます。この「生かされている」という思いが、「如来の衣を着る」という言葉に象徴されていると思うのです。

お釈迦さまやそのお弟子たちが着た衣は、遺体を包んで墓場に捨てられたものや、ごみ捨て場などで拾ってきた古布などを洗い、傷んでいないところを切りとって、縫い合わせて作ったのです。それを赤土で泥染めした黄土色のものでした。それは、「世間の人に生かされている」「縁あるものに支えられている」という謙虚な気持ちの実践だったのです。

私たちにしても、自分を生かしてくれているのは何かということを追究していくと、結局は、「神仏と天地の万物・万人に生かされている」という思いに到達せざるを得ません。そして、「生かされていることを素直に受けとるのが、幸せになる最上の道だ」という真実に帰着するのです。

「自分は生かされている」と思うと、対立、競争、批判などの気持ちは微塵《みじん》も湧いてきません。ただただ「ありがたい」と、感謝の念が湧いてきます。すると、その人の心はおのずと柔和になります。そういう心は自然に表情や言葉つき、行動に表われて、接する人に快い感じを与え、そこに正しい人間関係が生まれるのです。

「忍辱」は相手を思いやること

「柔和忍辱の心」ということで、「柔和」の次に「忍辱」ということが説かれています。これは、ふつうの言葉でいえば「忍耐」です。日常生活上のストレスや、人間関係における反抗、侮辱、迫害などを耐え忍ぶことです。つまり、忍耐心がないと、柔和な心にもなれないのです。

近ごろは、この忍耐する心が軽んじられるのか、忍耐強さがなくなったように思えて、心配になります。ちょっとしたことで激怒して、われを忘れて人を刃物で刺したり、バットで殴り殺したりします。明治生まれの私などには考えられないような、暴力事件が続出しています。

これはいつもいっていることですが、いまの豊かさのなかで、私たちは少々自分勝手な価値判断に走り、相手を思いやる心の余裕を失っているようです。私たちはだれしも、何かのはずみでカッとなったりします。カッとなりそうなときでも、その怒りを抑えるたびに心に余裕ができて、人間が大きくなっていくものです。

私ごとで恐縮ですが、海軍にいるとき新兵の教育係を命じられたことがあります（昭和四年ごろ)。当時の海軍では、新兵教育には体罰が必要とされ、横ビンタを張るのは日常茶飯事で、精神棒と称する棍棒《こんぼう》で気絶するほど殴りつけることもありました。しかし私は、新兵たちに「おまえたちを絶対に殴らない」と約束したのです。これは、自分自身への誓いでもあったのです。教育係の私は、まず自分の行ないを大切にして、何でも話し合いの場をもちました。

上官たちは、そんな私を生意気だと睨《にら》んでいたようです。あるとき、一人の新兵の動作がちょっと緩慢だったのを見た甲板《かんぱん》士官が、「庭野！　おまえが横ビンタを張らないから、こんなやつが出るんだ！」といって、大勢の前で私を張り飛ばしました。私はそれでも方針を変えることなく、非暴力に徹しました。自分が殴られても新兵をかばう、そんな姿を見て、新兵たちの行動も一変したのでした。

「忍辱」とは許すこと

結局、「忍辱」とは「人を許すこと」だと思います。だれの言葉だったか、「愛とは許すことである」というのがあって、それが強く心に残っています。もちろん、親子とか恋人とかという自然発生的な愛情は別ですけれども、一般の人間関係に生じる「愛」は、確かにそのとおりで、「許すこと」からはぐくまれてくるものでしょう。

私はそれに、「許すとは、理解することである」と付け加えたいと思います。

私が新兵に「殴らない」と宣言したのは、「殴らなければわからないような人間は、このなかにいないはずだ」という理解があったのです。当時は軍縮時代ですから、徴兵検査で甲種合格して海軍に採用されるのはたいへんな難関でした。そういう一人前の人たちにビンタを張るなど、ずいぶん失礼な話だ、という考えがありました。そう考えると、ひとりでに「大切な人たちだ」という気持ちが湧いてきて、それが「殴らないぞ」という決意になったわけです。

これは、けっして自慢話ではありません。忍耐と、非暴力と、理解と、愛情との微妙なかかわり合いを、自分の体験にもとづいてお話ししたにすぎません。

お釈迦さまが出家されたあと、育ての母の摩訶波闍波提《まかはじゃはだい》は、いつかはお釈迦さまに着ていただきたいと思い、自分で糸を紡ぎ、その糸を織って、金糸で刺繍《ししゅう》をしたりっぱな衣を作りました。お釈迦さまが成道《じょうどう》されて、初めて故郷のカピラバストゥに帰られたとき、その衣をささげましたが、お釈迦さまはそれを教団に寄進されました。しかし、あまりにりっぱすぎて、だれも着ようとしません。

そこでお釈迦さまは、弥勒《みろく》菩薩にその衣を着るように命じます。弥勒菩薩がそれを着ると、その姿に仏さまと同じような三十二相が現われ、弥勒菩薩が托鉢《たくはつ》に出ると、町の人びとはただ見とれるばかりで、食物をさしあげるのも忘れるほどだったといいます。

二千五百年後の現代に生きる私たちも、心に「柔和忍辱」という衣を着るならば、きっとその姿に仏さまの相が現われるでしょう。お金のかかるりっぱな服を着るよりも、これが最上の身の装いなのです。

しかも、その「徳」はみなさんを中心にして波紋のように広がり、社会を、日本を、そして地球上全体を「和」の世界に変えることでしょう。どうかみなさん、そのような大きな気宇をもって、仏さまの衣を着てほしいものです。

慈悲心から生まれる厳しさ

厳しさの薄れた社会

近年、常識では考えられないような犯罪が続発しています。幼い女の子ばかりを誘拐して殺したり、仕事がいやになったからといって働いている工場に放火したり等々、首をひねらざるをえないような異常さです。

ところが、テレビのリポーターなどが近所の人たちに話を聞くと、たいていの場合、「いつもは大人しい、人なつこい人です」とか「まじめで、よく働く人でした」とかという答えが返ってきます。これはいったいどういうわけでしょうか。

心理学者にいわせると、甘やかされて過保護に育ったせいで、世間の厳しさに耐えられない弱い性格となり、欲するものを正しい方法で獲得するという積極性に欠けるために、つい、ふつうの人では考えられないような安易な方法をとってしまうのだ……といいます。

また、そうした異常な罪を犯すまでにはいたらなくても、無気力で、気が弱く、ちょっとしたことで自殺してしまうような少年少女の存在も、近ごろよく見聞きします。少年少女ばかりでなく、青年、壮年になっても、忍耐とか発奮といった精神力に乏しく、何かにつけて挫折《ざせつ》しやすい人も増えています。これまた、甘やかされて育ったせいだといわれています。

これを思い、あれを思えば、子どもを育てるにはやさしさと同時に、厳しさも必要であることが痛感させられます。そういえば、鳥や獣でも、生まれたての子は舐《な》めるようにかわいがって育てますが、大きくなって巣立ちを前にすると、少しずつ突き放して、大自然や天敵などの危険から身を守ることを自分でおぼえるようにしむけます。

花木や果樹のような植物でも、かわいがりすぎて肥料や水をやりすぎると、美しい花も、いい実もつけません。やはり、枝葉を適当に剪定《せんてい》して危機を乗り切る生命力を引き出してやることが必要なのです。人間も生き物の一種ですから、それと同じなのです。

羅睺羅を戒めたお釈迦さま

そこで思い出すのは、「厳愛の二法」ということです。人を育て、人を指導するには、厳しさとやさしさを兼ねそなえなければならないというセオリーです。

お釈迦さまは、その典型であられました。底にはかぎりない大慈悲を秘めておられるのですが、実際のご指導には厳しい面も大いにあったのです。こんなことがありました。

実子でもあり、弟子でもあった羅睺羅《らごら》が、少年のころのことです。羅睺羅は、王舎城《おうしゃじょう》外の温泉精舎で修行していました。在家の人たちがお釈迦さまにお目にかかろうとして、「世尊はいま、どこにおられますか」と尋ねることがあります。すると、羅睺羅はいたずら心から、お釈迦さまが霊鷲山《りょうじゅせん》におられるときは「竹林精舎におられます」と答え、竹林精舎にいらっしゃるときは「霊鷲山にいらっしゃるようです」と答えるのです。二つの場所は八キロほども離れているので、人びとはむだ足を踏んで疲れ切り、お釈迦さまにお目にかかれずじまいになってしまうのでした。

そのことを聞かれたお釈迦さまは、温泉精舎に出向かれました。そして、羅睺羅に「たらいに水を汲《く》んでくるように」と命じました。そして、たらいで足を洗われてから、「羅睺羅よ。そなたはこの水を飲むことができるだろうか」と尋ねます。羅睺羅が「足を洗った水は飲めません」と答えると、「そうであろう。元は清らかだった水でも、こうなったら飲めない。出家して清い道を歩みながら、道を励まず、心を治めるどころかうそをついて人を困らせ、それを喜ぶいまのそなたは、この水のようなものだよ」と諭されました。

そして、その水を捨てさせ、「このたらいに、飲食を盛ることができるだろうか」と尋ねました。「いいえ。不浄の水の入っていたものですから、できません」「そうであろう。いまのそなたも、このたらいのような状態なのだよ」といわれ、今度は足でたらいを蹴《け》られました。たらいはゴロゴロと転がり、何度も跳ね上がって止まりました。

お釈迦さまは「そなたはいま、このたらいが壊れはしないかと心配しただろうか」と聞かれます。「いいえ。安物ですから、壊れても困りません」と答えますと、「そなたも、いまのように言葉をもてあそんで人を悩ますならば、人びとに愛されることもなく、惜しまれることもない人間になるのだよ」と戒められました。

羅睺羅はこの厳しい訓戒が身にしみて、その後、生まれ変わったように修行に励み、隠れたところで「徳」を積んで、「密行第一」というお墨付きをもらって十大弟子の一人となったのです。

厳しい言葉も素直に聞ける

この厳しい訓戒が、大きな慈悲から発していることはいうまでもありませんが、私がとりわけ感嘆をおぼえるのは、「水」というものを用いて戒められた深いお智慧です。「水」

は本来、清らかなものです。お釈迦さまは、すべての人間が本来もっている「仏性」をその「水」にたとえて、「そなたは、もともと水のような清らかな本質をもっているのだよ」ということを教えられたのでしょう。

羅睺羅は素直な人間でしたから、そのお心をそのまま受けとることができ、そして立ち直ることができたのです。

ここに、お釈迦さまの指導力の秘密があるように思います。私が知るかぎりにおいて、どの経典を読んでも、お釈迦さまが「おまえはだめな人間だ」などと、相手の本質を否定するようなことをおっしゃることは、けっしてありません。戒めるときも、相手の心のもち方の誤りや行ないの過ちそのものを指摘されるのです。相手はそれが事実であることを自分でも知っているわけですから、素直に聞くことができるのです。素直に聞けば、厳しさが厳しさでなくなるのです。それが、仏さまの厳しさなのです。

職場においても、法座においても、ちょっと厳しいことをいう人は敬遠されがちです。しかし、相手の本質を認め、美点や長所を認めたうえでの厳しさなら、必ず理解されるはずです。

副会長だった長沼妙佼《みょうこう》先生（脇祖）は、「この人を本物にしなくちゃならない」と思うと、箸の上げ下ろしにまで注文をつけました。ご法の行じ方はもちろんのこと、日ごろの生活での一挙手一投足を見ていて、こと細かに教えてくれました。

そのお陰で、幹部さんたちが姿勢をきちんと整えることができたのですが、妙佼先生のすばらしいところは、その厳しいお言葉の一つ一つが大きな慈悲心に発しているのがひしひしと伝わってくるところでした。親身になって、一人ひとりにこまやかな心くばりをされるのです。人は、相手がほんとうに自分を思ってくれているのを感じるときは、その叱責や忠告を前向きに受けとれるのです。

私の知人が、こんなことを話してくれました。少年時代に何かよくないことをして、叔父さんにきつく叱られたのです。そのとき、「頭のいいおまえが、どうしてそんなことをしたんだ」といわれたそうです。その「頭のいいおまえが」のひとことがズンと胸に響いて、叱られて恨むどころか、その叔父さんが大好きになり、八十歳を過ぎた現在までその言葉が心の支えになっているということでした。

それにしても、私たちが生活している現実の世の中は、お釈迦さまが「一切皆苦」と説かれたように、「苦」に満ちた厳しい世界です。その厳しい世界を生き抜いていくには、やはり小さいときから鍛えられて育つことが大事なのです。

そういう意味でも、人を育てるには、根本に一〇〇パーセントの愛情が必要ですが、時には厳しい言葉を添えて表現することも大切でしょう。

一方、私たちが現実の生活でいろいろな苦難に出会ったときでも、その奥に仏さまの大慈大悲が働いていることを忘れてはなりません。そして、その厳しさを素直に受けとめると、そこに幸せへの道が開けているのに気づくことができるのです。

仏さまの本願に生きる

仏さまのようになりたい

私たちは法華経の教えを信受して、少しずつでも菩薩行をさせてもらっています。それは一歩ずつでも仏道、つまり、仏になる道を歩んでいるということです。

もちろん、「仏になる」というのは容易なことではありません。ただ、ことさらにむずかしく考えるよりも、私は少しでも実践しやすく考えたほうがいいと思っています。

「仏陀《ぶっだ》」という言葉は、もともと「目ざめた人」という意味です。この世に起こるもののごとのありのままの相や、私たちの心の動き方すべてについて、一点の曇りもなく見とおす目をもっているということです。

　逆にいえば、私たちは、ものごとをありのままに見ることができず、自分の心を常に正しく保つこともできません。そこで、お釈迦さまの教えを守って歩むことで「目ざめた人」になろうというのが菩薩行であり、仏道なのです。

　ところで、お釈迦さまは、法華経の「方便品」で、「我本誓願《われもとせいがん》を立《た》てて　一切《いっさい》の衆《しゅ》をして　我《わ》が如《ごと》く等《ひと》しくして異《こと》なることなからしめんと欲《ほっ》しき」と言明されています。

　すべての人間を、自分と同じように曇りのない智慧と慈悲に満ちた境地に到達させたいとおっしゃっているのです。このような仏さまの本願を、私たちはどう受けとめていけばいいのでしょうか。

　こういうお言葉を聞いて、「そういわれても、とても仏さまと同じようになれるわけがない」と、頭から否定してかかる人も多いのではないでしょうか。それでも、私の場合は「仏さまが保証してくださり、手をさしのべてくださるのだから、私も必ず『目ざめた人』になれるはずだ」と素直に受けとめています。そういう希望と感謝の心でいるほうがよほど楽しく、迷わずに人生を歩むことができるのです。

　私たちはとかく、自分の命はこの世かぎりのものと考えがちで、目の前の楽しみだけを求めて懸命になっています。ところが、どんなに物質的に恵まれた人でも、「生老病死《しょうろうびょうし》」の「四苦《しく》」から逃れることはできません。また、愛する人と別れなければならない苦しみ(愛別離苦《あいべつりく》)や、嫌いなものごとにも会わなければならない苦しみ(怨憎会苦《おんぞうえく》)など、精神的な苦痛もついてまわります。

しかも、私たちの命はこの世かぎりのものではありません。ですから、この世にあるとき少しでも菩薩行をしていれば、その功徳《くどく》によって生まれ変わるたびに、自分の幸せだけに執着する気持ちから少しずつ離れることができて、まわりの人の幸せを考えることができる大きな心に近づいていけるのです。

つまり、お釈迦さまが「一切の衆をして　我が如く等しくして異ることなからしめん」と誓願されたのは、私たち一人ひとりに、仏さまと同じ目ざめた境地に近づくことができる素質があることを保証されていることにほかならないのです。

目の前の一人を大切に

お釈迦さまは最高の叡智《えいち》に到達されたお方ですから、み跡を慕う私たちとしては、法華経を一心に学ぶことが仏さまの「智慧」に近づく第一歩でしょう。そして、もう一つ大事なことは慈悲の心です。慈悲の「慈」というのは、生きとし生けるものに対する広い愛情のことです。この広い愛情をもつことが、仏さまの本願に生きることなのです。

ところが、愛情というのは自然に湧く感情ですから、「すべての人を愛そう」と思っても、出会う人みんなに愛情を抱けるものではありません。そこで大事なのは、まず目の前の一人を大切にしていくことです。自分がふれあう人に対して、その人が幸せかどうかを察してあげることです。そして、その人が幸せでないと感じたとき、何に悩んでいるかを思いやってあげると、「何とかして苦しみを抜いてあげたい」という気持ちが湧いてきます。それが慈悲の「悲」の心にほかなりません。

こうして、「苦を抜いてあげたい」と思っても、そう簡単には人は救えないものですが、とにかく、まずは「相手の悩みを自分の悩みとして感じられる心になろう」と努力することです。いわゆる「共感同苦」の思いです。

宮沢賢治の「雨ニモマケズ」の詩にあるように、「南ニ死ニサウナ人アレバ／行ッテコハガラナクテモイ、トイヒ／北ニケンクヮ（カ）ヤソショウガアレバ／ツマラナイカラヤメロトイヒ／ヒド（デ）リノトキハナミダヲナガシ／サムサノナツハオロオロアルキ」でいいのです。これが「凡夫の菩薩」の姿なのです。

自分の目の前に現われた人は、自分と深い因縁の糸で結ばれているのです。ですから、その人を救うのが自分の役割なのです。けっして「この人は救いようがない」と思ってはなりません。お釈迦さまがそうでした。自分の名前もおぼえられない周梨槃特《しゅりはんどく》に対して、ほうきをもたせて精舎を掃除させることで、ついに悟りを開かせたのです。

この世に、救われない人間は一人もいません。みんな「仏性」という尊い宝をもっているからです。どんなに不遇な人でも、「自分はだめだ」と思いこんでいる人でも、本来そなえている「仏性」に目ざめ、生きる喜びを味わえば、その人のもっている一芸一能が芽を吹くのです。

私が口ぐせのように「一人が一人を導こう」というのは、このことなのです。それは、すべての人を救おうとされる仏さまのお手伝いをすることですから、仏さまの本願に生きる最高の道であるといっていいでしょう。

聞き上手になれば

「人さまを法華経の教えにお導きしたい」と思っても、「教えよう」とか「説き聞かせよう」といった態度が表に出ると、相手に聞いてもらえないことが多いのです。こちらから話そうとするよりも、「相手の話を聞かせてもらおう」というおだやかな気持ちが大事なのです。そうすると、相手は自然に心を開き、胸にたまっていることを打ち明けてくれるものです。それを「共感同苦」の気持ちで聞いてあげるのです。

それだけでも、その人の心の曇りが晴れ、気持ちが楽になるものです。そこで法華経の教えに照らして、その悩み苦しみの解決の道を、一緒に考えてあげるのです。そして、自分の力だけでは解決がつかないときは、佼成会の法座にお誘いすればいいのです。法座には、同じような悩み苦しみを体験した人が必ずいるものです。そうした人たちが親身になって自分の体験を話してあげると、そこから救いの道が開けてくるのです。

先ほどの賢治の詩の少し前に、「アラユルコトヲ／ジブンヲカンジョウニ入レズニ／ヨクミキキシワカリ」とあります。ふつうは、身のまわりに起こることに対して、自分の損得を勘定に入れて判断しがちですが、それでは自分に執着した見方になります。何ごとに対してもありのままに、よく見、よく聞き、よく理解する……そういう人間になりたいというのが賢治の願いでした。つまり、「諸法の実相」を見る「仏知見《ぶっちけん》」（仏の智慧）をもちたいということです。

私たちがまだ「仏知見」をもつまでにいたらなくても、法座がその代わりを果たしてくれます。多くの人がつどうことで、あらゆることをよく見、よく聞き、よく理解し、そして人びとを幸せにしてあげられるのが法座です。

長年、お釈迦さまのおそばに仕えた阿難《あなん》が、お釈迦さまに「善き友をもち、善き仲間とともにいることは、仏道の半ばにも当たると思いますが」とお尋ねしたことがあります。そのとき、お釈迦さまはきっぱりと「善き友をもつことは、仏道の半ばではない。仏道のすべてである」とお答えになっています。

私たちも、サンガ（同信の仲間）の心を一つにして、仏さまの本願に沿って生きていきたいものです。それが、仏さまのお心に沿いたてまつる道であるからです。

出会いに学ぶ

なごやかで、あたたかい社会

私はこれまで、いろいろな人とお会いしてきました。さまざまな分野の人に会って、話を聞くことは楽しいものです。出会いから始まって、いたるところに学ぶ機会があるという感じがします。だれに会って、どういう話をしたか、どういう感銘を受けたか、それを書きとめることも忘れませんでした。

仏教をどのように説明したらわかってもらえるか、と考えるときがよくあります。そうしたとき、科学の世界で活躍する人と話をしていて、「なるほど、そういう説明の仕方をすれば、わかりやすいのか」と、参考になることがしばしばあります。こんなときは、何にも増してうれしいものです。

私は若いときから、人さまのいうことは素直に聞きました。ですから、自分の意見を言い立てて口論をするということはありませんでした。人さまの意見はよく聞いて、聞いたことをあとから味わってみて、よいところは自分のものとして消化する、というふうにしたのです。そのお陰さまで、どなたとでもおつきあいができて、また、こちらの言い分も酌んでいただけるのです。

人間関係の出発点は、何よりもまず「出会い」です。出会いがあってこそ、語り合いも生まれます。語り合ってこそ、お互いの理解も生まれ、理解し合ってこそ、信頼も生じます。相互に信頼し、固く結ばれるようになれば、そこにおのずから協力体制ができあがるのです。

出会い↓語り合い↓理解↓信頼↓協力という人間関係の順序次第は、どこか遠回しのように見えますが、その基礎を固めるものと思います。日常の出会いを大切にして、お互いが胸襟を開くなかで仲よくなる。その出会いによって、お互いのあいだに信頼感を通わせていくことが大事です。その輪がだんだんと大きくなることによって、自然となごやかであたたかい社会が築かれていくのです。

法華経に出会って

自分の一生が一変するような師と出会うことは、何ものにも代えがたい幸せです。

私の郷里は新潟県の菅沼という山村ですが、小学校のとき、大海《だいかい》伝吉という校長先生から受けた二つの教えが、私の一生の生き方に大きな影響を与えました。

それは「人には親切にしなさい」「神さまや仏さまを拝みなさい」という教えです。そのなかでも「神さまや仏さまを拝みなさい」という教えは、いわれた日から実践しました。胸をわくわくさせながら、登下校のときに諏訪《すわ》神社や子安観音、大日如来、薬師如来などに必ずおじぎをして通ったのです。あの小学校の校長先生が、私にとっては最初の恩師です。

人間が一人前に成長するまでには、本人の努力以上に、いろいろな人の恩恵にあずかるものです。数多くの人の情けや励まし、耳に痛い批判などによって今日があるのです。

そのなかで、私が最も忘れ得ない人、最も大きな影響を受けた人が新井助信《すけのぶ》先生です。私が菅沼から上京して以来、身のまわりにさまざまな悩み苦しみを抱えた人たちがたくさんいました。そういう人たちを何とかしてあげたいという思いから、いくつかの宗教の門をたたきましたが、どこか満足できない思いが残っていました。

そんな私が、新井先生の法華経の講義を聞いたとき、心の目が開かれたのです。「こんなにすばらしい教えがこの世にあったのか！　これこそ、私が求めていたものだ」と、飛び上がらんばかりに歓喜しました。

新井先生としては、自分が研究した法華経をだれかに聞かせたいと思っていたところでした。私としては、人びとを苦しみから救える教えを聞きたいと思っていたところでした。いわば「啐啄同時《そつたくどうじ》」のような状態でしたから、新井先生が説いてくださる法華経の教えは、まるで砂地が水を吸いこむように、あますところなく、私の心魂にしみわたったのです。そして、それが私の一生を決定したのです。

無数の人たちとの出会い

師との出会いだけではありません。善き友との出会いも、人生を大きくふくらませます。信仰のうえでは、脇祖・長沼妙佼先生という求道の友を得ることができました。私が奉公をしたとき、商売というものを教えてくれた石原淑太郎さん、そして信仰の道を支えてくれた会員さんたち――すべてが私を導いてくださったありがたい方々です。

また、戦後のことになりますが、ローマ教皇パウロ六世との出会いは、私を「宗教協力」に一路邁進《まいしん》するよう、踏み切らせたものとなりました。

自分の人生をふり返ると、一つの考えに帰着します。それは、私の一生はつまるところ、無数の人たちとの出会いによって導かれ、築かれてきたということです。あのとき、あの人と出会って、歩む道に確信がもてた……といったようなことが多く、あらためて一種の驚嘆の思いに駆られます。

「出会い」というものは、ありがたいものです。「一期一会」ではありませんが、いつでも、どこでも、出会った人を大切にする――それが仏さまの教えに適《かな》った生き方であるように思います。

人さまを幸せにしたい

いま、ここが道場

近ごろ、とりわけつくづくと胸にこたえる経文は、法華経の「如来神力品《にょらいじんりきほん》」の一節、私たちが毎日のご供養に際して唱える「道場観」です。

「当《まさ》に知《し》るべし、是《こ》の処《ところ》は即《すなわ》ち是《こ》れ道場《どうじょう》なり。諸仏此《しょぶつこ》に於《お》いて阿耨多羅三藐三菩提《あのくたらさんみゃくさんぼだい》を得《え》、諸《しょ》仏此《ぶつここ》に於《お》いて法輪《ほうりん》を転《てん》じ、諸仏此《しょぶつここ》に於《お》いて般涅槃《はつねはん》したもう」

「道場」というと、ふつうは柔道や剣道の道場を思い浮かべると思います。ところが「道場」の第一の意味は、「釈尊が成道した地」をいうのです。お釈迦さまはブッダガヤの菩《ぼ》提樹《だいじゅ》の下で悟りを開かれ、鹿野苑《ろくやおん》で初めて法を説かれ、クシナガラの地で涅槃《ねはん》に入られました。

そこで法華経では、私たちがいま立っているこの場所が、「仏さまが悟りを開かれた地であり、初めて法輪を転じられた聖地であり、涅槃に入られた道場である」と説いています。

つまり、私たちが日々生活し、仕事にいそしむ行ないのなかに、真の自分に目ざめてまわりの人に思いやりをそそぎ、安らぎに満ちた世界を築いていく、その入り口があるというのです。一日一日、一つ一つの仕事、一人ひとりの人との出会いが大切なのです。

それなのに私たちは、その一日一日を、怒ったり、欲ばったり、争ったり、グチばかりこぼしたりして過ごしてはいないでしょうか。なぜそういう生き方になるのかというと、自分の幸せばかりを求めているからです。そのために、まわりの人と競い合い、目の前の相手に勝たなくては自分が幸せを得られないかのように、あまりにも短絡的に考えているのです。

ところで、「ここが仏さまの亡くなられたところである」と考えるのには、何となくピンとこないものを感じる人があるかもしれません。けれども、むしろ、ここがいちばん大事なのです。

なぜならば、お釈迦さまは、亡くなられる直前まで新しい弟子に法をお説きになられたように、最善を尽くして一生を終えられたからです。それは、灯火が明るく世間を照らすように、世のため人のために精いっぱい尽くし、完全燃焼して燃え尽きる、そういう人生だった、といえるでしょう。いつもそのことを念頭に置いていれば、私たちもいい加減な生き方などできず、一瞬一瞬を大切にせざるを得なくなるはずです。

ズルズルと中途半端に生き、自分の利益ばかりあくせく追い求めるのでは、神仏から授かった尊い命を不完全燃焼させることになります。

人びとを幸せに導くことに完全燃焼する生き方を、身をもって示してくださったのは、ほかならぬお釈迦さまです。お釈迦さまは、最後の布教の旅の途中のヴェーサーリーという町で、「この世は美しい。人の命は甘美である」とつぶやかれたそうです。いつもは「人生は苦である」と教えておられたのに、このように述懐されたのは、ご自分の一生に満足しておられたからでしょう。

お釈迦さまの直接の死因は、パーヴァーという町で、チュンダという熱心な在家信者がさしあげたご馳走《ちそう》のキノコにあたったことでした。そして、クシナガラに向かわれる途中で、激しい腹痛や下痢に苦しまれながらもチュンダが後悔していることを心配され、侍者の阿難をチュンダのもとに引き返させます。その際、お釈迦さまは「こう告げなさい」と命じられたのです。

「チュンダよ。けっして後悔することはない。私が成道する直前にスジャータという娘が乳粥《ちちがゆ》を供養してくれた。そのお陰で私は仏の悟りを得ることができたが、チュンダが供養した最後の食事によって、私は無余涅槃界《むよねはんかい》（肉体さえも残さない完全な平安の世界）に入ることができるのである。この上ない大きな功徳を積んだことになるのだ」

何というありがたい、深いお心でしょう。この事実に八十年のご一生が集約され、象徴されているといっても過言ではないでしょう。先ほど「此に於て般涅槃したもう」が、むしろ大事であるとお話ししたのは、ここのところなのです。

感謝すると心がきれいになる

お釈迦さまは万徳を成就されたお方ですが、そのお徳を一語に集約していえば、「忘己《もうこ》利他《りた》」ということでしょう。己を忘れて他を利する……これこそが、ご一生を貫いたご精神であったでしょう。

とすれば、私たち後世の仏弟子として、何よりもまずこのことを念じ、行じていくことが第一のつとめでしょう。ところが、さまざまな欲望を抱え、日々の生活上の問題をおろそかにできない在家の身としては、「とうてい、お釈迦さまのような『忘己利他』の境地には進めそうにない」と、途方に暮れる思いの人があるかもしれません。

しかし、仏弟子であるかぎり、あきらめてはいけないのです。お釈迦さまは「方便品」

で、「我本誓願《われもとせいがん》を立《た》てて　一切《いっさい》の衆《しゅ》をして　我《わ》が如《ごと》く等《ひと》しくして異《ことな》ることなからしめんと欲《ほっ》しき」と、おっしゃってくださったのです。

そのうえ、「若《も》し法《ほう》を聞《き》くことあらん者《もの》は　一《ひと》りとして成仏《じょうぶつ》せずということなけん」と、太鼓判を押してくださっています。

ですから、私たちは一人残らず、仏さまと同じようになれるのです。仏さまと同じような大慈悲心をもつことができて、多くの人を幸せに導く「智慧」をもつことができるのです。

それなのに、自分を卑下して「とてもできそうもない」とあきらめるのは、お釈迦さまの「誓願」を無にし、お釈迦さまの「太鼓判」を疑うことになります。そんなもったいないことが、どうしてできるでしょうか。

では、煩悩《ぼんのう》にまみれた私たちは、いったいどうすればいいのか。

私は、こう思います。まず、「私たちは、自分の力で生きているのではない。世間のすべての人に生かされているのだ。宇宙のすべてのものに生かされているのだ」という真実を、しっかりと見すえることだと思います。

そうすれば、ひとりでに「ありがたい」という感謝の念が湧いてくるでしょう。感謝の念が湧いたときは、心がきれいになります。これは、だれでも経験することです。人に親切にされて「ありがたい」と思う瞬間、心に濁りなどありますか。微塵もないでしょう。その瞬間は、いわば、心のアンテナが美しく磨かれ、人の恩を完全にキャッチできた状態といってもいいでしょう。

ですから、そのアンテナの性能をもっと押し広げて、世間の多くの人の恩、宇宙のすべてのものの恩をキャッチするように心がけていけば、ますます心はきれいになるはずです。そして、すべての人に心が通い合うようになります。一体感が生じます。みんなが、「生かし生かされている仲間である」という意識が生じます。仲間意識が生じれば、その仲間が困っているのを見れば、自然と手をさしのべずにはいられなくなります。そこに「忘己利他」が生まれるのです。

菩薩の心が目をさます

現実の問題として、「そうやすやすと、心の切り替えはできそうもない」と考える人もいるでしょう。無理もありません。そんな人は、人真似でもいい、形の上だけでもいい、とにかく、人を幸せにする行ないを実際に試してみるといいのです。

こんな話があります。江戸時代のことですが、世間の人から嫌われている男が、ある女性に恋をして、その人に好かれるようになりたいと思って、お寺の和尚さんに相談に行きました。和尚さんはその男の行状をよく知っているので、「おまえのやっていることの、反対のことをすればよい」と教えたのです。

男は女性に好かれたい一心で、さっそくそのとおりにしてみました。家では親に逆らってばかりいましたが、親のいうことをよく聞くようにしました。仕事場ではけんかばかりしていたのを、じっとがまんして人と協調するようにしました。道で人に会ってもふんぞり返っていたのを、丁寧に頭を下げるようにしました。そして、最初はしぶしぶ、形だけでやっていたのが、いつしか心をこめてするようになって、人びとの彼を見る目も変わってきて、のちには、推されて村長にまでなったといいます。

これなのです。形から入ることも大切なのです。だらしのない服装をしているときはぞんざいな口をきいている人でも、礼服を着れば立ち居振る舞いがピシッと引きしまるでしょう。

立正佼成会で、入会したばかりの人にも「お導きをしなさい」というのは、ここのところなのです。初めは先輩たちについて行って、見よう見真似でいいのです。何かで悩んでいる人がいると、先輩たちが自分のことのように真剣に相談にのってあげる。そういう姿を見て、初めのうちは「どうして、あそこまで他人のことを心配できるのだろう」と思うのですが、やがて自分の胸に眠っていた「菩薩の心」が目をさまして、「私もあの人のように、人さまを幸せにしてあげる人間になりたい」という思いが湧いてきます。

こうして一つずつ菩薩行を見習っていくと、いつしかほんとうの「菩薩の心」に育っていって、「縁あって出会う人に、少しでも喜んでもらえる接し方をしたい」と願うようになり、人さまの幸せな顔を見て喜ぶ人間になっていくのです。

要するに、人間の心のなかでいちばん尊いのは、「人を幸せにしたい」という気持ちです。人間の行ないのなかでいちばん価値があるのは、人を幸せにしてあげる行為です。仏道というものは、結局これに尽きるのです。

菩提心をもち続ける

菩提の萌を発さしむ

仏道を歩む気持ちが決定《けつじょう》していると、無上の悟りを求める心、つまり「菩提心」が湧き上がってきます。日常生活のさまざまな場面で、「菩提心」を起こす「縁」に出会えるのです。

朝夕のご供養もその一つで、仏さまやご先祖さまに自分の正しい生活ぶりをご覧いただいて、一歩でも仏さまの境地に近づく誓願を新たにすることができます。そういう心の下地があればこそ、家族や職場の同僚、隣近所の方々など、出会う人にあたたかな語りかけや思いやりのあるふれあいができます。陰日向《ひなた》なく働いて、人のために役立とうという気持ちも生まれてくるのです。

そのように「法」のありがたさに気づくことで、「菩提心」はさらに大きく育ちます。我欲に閉ざされた心に「菩提心」という明かりが灯され、「法」を求める仏の智慧の眼が開いて、ひとりでに正しいほうへと進むことができるのです。

「無量義経」の「徳行品《とくぎょうほん》」にある、「普《あまね》く一切《いっさい》をして菩提《ぼだい》の萌《め》を発《おこ》さしむ」という一節は、味わい深いお言葉です。仏さまは、すべての人に「菩提心」の芽を起こさせてくださるのです。仏さまのお心の奥は、「すべての人を仏の境地に導きたい」という願いに満ち満ちています。その願いにたがわないよう、私たちも「菩提心」を起こして、仏の智慧の眼を開いていきたいものです。

心が菩提心で満たされる

お釈迦さまが説かれた「法」のすばらしさに気づいた人は、「仏さまに生かされている」という、大きな安心感に包まれます。思わぬ環境の変化にも動じることがなく、どのような問題も「法」に照らして冷静に対処することができます。

仏教の根本の教えである「縁起の法」には、すべてのものごとは「因」と「縁」とのふれあいによって、さまざまに変化する、と説かれています。つまり、自分がどのような「因」となり、「縁」となるかで、自分をとりまく環境も、どのようにでも変えていくことが可能なのです。

たとえば、人との不仲が生じたときには、自分の考えに非がなかったかどうかを反省することが第一です。そして、自分の怒りを鎮めて、相手の立場や考え方を尊重する心に切り替えていけば、言動やふれあい方もおのずとおだやかなものに変わり、怒りや憎しみも消え去るのです。

いきいきとした「法」の働きを目のあたりにすると、その感謝と感動を多くの方にもお伝えして「ともに幸せな境地を味わいたい」という気持ちが生まれ、じっとしていられなくなります。小さな「我」にとらわれて悩み苦しむ人を「一刻も早く救い出してあげたい」という慈悲心に突き動かされるからです。

お釈迦さまが、一人ひとりの悩みや年齢、性別、性格、境遇などに応じて、「法」をさまざまなたとえ話で説かれたのも、なみなみならぬ慈悲心の発露からでした。すべてをもち味のままに生かしたいというお心が、人びとの心の底に眠る善根（善い心、善い行ないのもとになる性質）を呼び起こしたのでした。

「上求菩提《じょうぐぼだい》、下化衆生《げけしゅじょう》」という言葉があります。仏さまのお慈悲の深さが心にしみ入ると、自ら人格の完成をめざしつつ、同時に人さまを教化していく菩薩行に励むようになります。そして、人さまに親切を尽くし、心が常に「菩提心」で満たされていなければ満足できないのが、私たちの「本心」であることに気づくのです。

人さまの「菩提心」を呼び起こす「縁」は、いたるところにあります。悩みや苦しみもその一つです。

仏さまは、私たちの心が「法」からずれていることを気づかせようとして、大慈大悲のお心で「救い」の手をさしのべてくださいます。ですから、目の前の悩みも仏さまのお慈悲のあらわれであることを、お伝えすればいいのです。真心にまさるものはありません。相手を思う気持ちから、必ずふさわしい言葉が出てきます。慈愛をこめた語りかけやふれあいを積み重ねるなかで、その方を本質的な救われへと導くことができるのです。

いつも仏さまと一緒

「無量義経」の「十功徳品《じゅうくどくほん》」に、「是《こ》の経《きょう》は本諸仏《もとしょぶつ》の室宅《しったく》の中《うち》より来《きた》り、去《さ》って一切衆生《いっさいしゅじょう》の発菩提心《ほつぼだいしん》に至《いた》り、諸《もろもろ》の菩薩所行《ぼさつしょぎょう》の処《ところ》に住《じゅう》す」と説かれています。

これは、「この教えは、仏さまの心の奥からあふれ出たもので、人びとに無上の悟りを求める心を起こさせて、人びとが菩薩行を実践しているところに住しているのです」という意味になります。

仏さまは、仏道を一心に歩んで、人さまに奉仕しようと心がけている人の心にお住まいくださいます。常に人さまを幸せにする行ないのなかに、いつでもとどまってくださるのです。

最近は、大企業の経営者や幹部社員のあいだに法門を学ぶ人が増えるなど、社会的に仏教への関心が高まり、ボランティア人口も増加しています。これは、多くの人が心のなかに仏さまをお招きしているということですから、たいへん喜ばしいことです。

人さまの幸せを願う気持ちを、さらに、仏さまの「智慧」に気づき、「菩提心」を起こしてもらうふれあいに広げていけば、学んだ法門やボランティア活動の知識や体験がより深まり、生かされていくと思います。そのためにも、怒りの心を抑え、人に善行を尽くす正しい行ないを続けて、いつも仏さまと一緒にいる気持ちを大切にしたいものです。

仏さまの境地に近づきたいという「菩提心」をもち続けている人は、常に大歓喜の心に満ち、言葉や行ないもいきいきと輝いています。そうした人がますます増えていくように、ふれあいの輪を広げていただきたいと思います。

方便ということ

仏になれる性質をもっている

法華経に「方便品」という一章があるように、仏教では「方便」ということを大切にしています。「方便」というのは、人を悟りに導くための仮の方法のことです。仏さまが悟られた真理を理解させるために、たとえ話をしたり、体験談を語ったりして、相手に応じてわかりやすく説くこと、それが「方便」です。

お釈迦さまは、ブッダガヤの菩提樹下で仏の悟りを開かれたとき、感激されて、このようにおっしゃったといいます。

「なんと不思議なことだろう。この世のすべての衆生は、みな、仏と同じ智慧と慈悲をそなえているではないか。ただ、さまざまな妄想にふけり、自分の欲に執着しているために、そのことに気づけないのだ」

人間はだれでも仏になれる性質をもっているのに、世間での競争や損得にとらわれて、仏になる道を歩もうとしない……。それは、今日の私たちにも同じことがいえると思います。

お釈迦さまは、成道されて以来、四十余年にわたる後半生のすべてをかけて、ひたすら布教・伝道の旅を続けられました。それは、「すべての人に仏への道を歩ませたい」という大きな大きな慈悲心に発していたのです。

そして、お釈迦さまが説法されるときは、相手の年齢や仕事はもちろん、理解力や性格などをつぶさにご覧になって、さまざまな説き方をされたのです。仏さまの教えは「八万四千の法門」といわれるようにたくさんあります。それも、教えの核心をなす真理を相手に応じてかみくだいて説き分けられたため、無数の教えとなったわけです。

その無数の教えの一つ一つは、ただ一つの真理にいたる入り口です。では、仏教の核心は何かといえば、「諸行無常《しょぎょうむじょう》」「諸法無我《しょほうむが》」「涅槃寂静《ねはんじゃくじょう》」の「三法印《さんぽういん》」ともいえますし、「縁起」であるともいえます。

私たちの所依の経典、法華経を中心に考えれば、その要は「一大事の因縁」であり、「諸法の実相」であり、「久遠実成の本仏」であるといえます。

いろいろ仏教の言葉をあげましたが、これも一つの真理の別な表現でしかないのです。要は、私たちの一人ひとりが、仏さまと同じ智慧の眼を開くことができるように、親切に言葉を尽くして説き分けてくださっているのです。

妙佼先生の方便

私が脇祖・長沼妙佼先生をお導きしたころ、妙佼先生は焼き芋のお店をいとなんでいました。私が毎日、三時ごろに妙佼先生のお店に行くと、近所の人たちが集まっています。まだ自分では自在に法を説けない妙佼先生が、「いい話をする先生が来るから」と、知り合いに声をかけて集めるわけです。

妙佼先生は日ごろから、売り物にならない小さな芋を窯の隅で焼いて、田舎から奉公に出てきた若い人たちに、おやつ代わりに食べさせていました。ですから、妙佼先生がひと声かけると、そういう人たちが集まってくるのです。

自分はまだ仏さまの教えを自在に説くことはできない、でも若い人たちに仏さまの教えにふれてもらいたい。そういう真剣な気持ちから、妙佼先生は「いい話をする先生が来る」という「方便」を使い、小さな焼き芋をふるまうという「方便」を使ったわけです。

それは同時に、相手の喜びを願う慈悲心からの行為であり、真心の布施でもあるのです。「人さまを仏さまの教えに導きたい。それにはどうすればいいか」と、まず自分なりに精いっぱい知恵を働かせることが大事です。そして、その努力を繰り返していると、どんな人に会っても適切な「方便」を使えるようになるのです。

仏さまからいただく方便

法華経には「万億の方便」という言葉があります。仏さまの教えを理解してもらうための、無数の説き方があるということです。

苦しんでいる人を前にして、その苦しみをやわらげてあげるためにも、無数の方法があるわけです。苦しんでいる人への対し方も、一緒に悲しんだり、励ましたり、叱咤《しった》したり、人によってさまざまあることでしょう。要は、自分がしっかりと仏さまの教えを信じて、相手に対して精いっぱいの慈悲心をそそいでいくことです。

あるいは、「いまこの人に、教えのどこをわかってもらいたいのか」と考えてみる。また、「この人の苦しみをとおして、仏さまは私に何を教えてくださるのだろうか」と、ふり返ってみる。そして、「みんな仏の道を歩んでほしいという仏さまの願いに、どうか気づいてほしい」と念じてみる……。

そうして、自分の思ったように説こうという気持ちがなくなったとき、それまで考えてもみなかったことをお話ししていて、相手の方が大きくうなずいてくれるのです。

相手の方の苦しみと一つになったときに、仏さまが智慧を授けてくださるのです。それがほんとうの「方便」であり、仏さまからじきじきにいただく「方便」です。

私たちはもともと、仏さまの大いなる智慧と、大いなる慈悲に包まれて生きているのです。仏さまの教えをしっかりと理解して、まわりの人たちに慈悲の心で接していくとき、仏さまに導かれるままに仏道を歩ませてもらえるのです。

方便、方便と、それにとらわれることがなくなると、「方便」はそのまま「真実」であることがわかってくるのです。

人さまの幸せを願って

親切心をふくらませる

今年（平成八年）は四緑木星の年ですが、この年の特徴は、開けっぴろげの明るさです。一年でいえば五月ごろで、天地に光が満ちる季節です。また、人生でいえば「青春」の活気にあふれる時期です。ひとことで表現すれば、上昇気運の年といえるでしょう。心が湧き立つときです。周囲の人に親切な心で接して、明るい一年にしていきたいものです。

私たちが朝夕に読誦している「経典」の一節に、「未《いま》だ彼《かれ》を度《ど》すること能《あた》わざる者《もの》には彼《かれ》を度《ど》する心《こころ》を起《おこ》さしめ」（十功徳品）とあります。

「度する」というのは、煩悩にふりまわされている世界から、悟りの世界、安らぎに満ちた世界に「渡す」ことです。ですからこの一節は、「これまで人を幸せにしてあげたことがない人に、人さまを幸せにしたいという気持ちを芽ばえさせる」という意味になります。

私たちは、まず自分の幸せを願って行動するのがふつうですが、立正佼成会では「まず人さま」という言葉で、自分の満足より先に、相手の幸せを思いやることを大事にしてきました。それは、人さまの幸せを願うことが「仏性」をまっすぐに発揮していく早道だからです。

ほんとうに正直な気持ちになれば、だれでも人さまに親切に接したいと思っているのです。そして、折にふれてそういう親切心をふくらませていくと、常に人さまの幸せを願える心になっていけるのです。

そして、「人さまのこと、人さまのこと」と心をくばっていくと、自然に自分が幸せになっているのです。

仏の子としての願い

私は、祖父からこんな話をよく聞かされました。

「鉄砲虫（カミキリムシの幼虫）でも、自分で食ってのけるだけのことはする。ましてや人間は、自分が食って暮らすだけでなく、世のため、人のために、何がしかの役に立とうという考えをもたなくちゃならん」

子ども心に、その言葉がしみついていたのでしょう。

そんな私が東京に出てきたのは十七歳のときですが、まわりの大人たちが、大なり小なり難儀を抱えているのに驚きました。夫婦仲の悪い人や、病気で臥《ふ》せっている人、生活が苦しい人たちが大勢いました。どうすればこの人たちを幸せにできるかと思い、方位や九星、修験道《しゅげんどう》、姓名学などを研究しました。やがて法華経に導かれて、「この教えこそ万人を幸せにする教えである」と、大歓喜の思いで法華経ひとすじに歩んできたのです。

私たちは、困っている人を見ると「何とか助けてあげたい」と思います。何かしてあげて喜んでもらうと、自分自身も大きな喜びを味わいます。そういう喜びを一つ一つ積み上げていくと、それが習慣になって、いつでも人さまの幸せを考えているような人になれるのです。

体験説法でもよく聞く話ですが、佼成会に入って、幹部さんの姿に驚く人が多いようです。幹部さんが何かにつけて自分のことに気をくばってくれるので、初めは「どうして、あれほど他人のことを考えられるのか」と不思議に思います。そうして幹部さんの思いやりの深さに打たれているうちに、やがて「自分もあの人のように、人さまのことを常に思いやれるような心になりたい」と思うのです。

それが「仏性」、仏さまと同じ心なのです。仏さまは「すべての人を仏にしよう」という大きな願いをもっておられます。それは「すべての人を幸せにしたい」ということと同じことです。その仏さまの子どもである私たちが、出会う人、出会う人を幸せにしたいと願うのは、ごく当然なことなのです。

人を幸せにするひとこと

どうすれば相手を幸せにできるか、そこで迷う人も多いようです。また「自分には人を幸せにするほどの力がない」と、ためらっている人もいるでしょう。

人さまを悩みから救ってあげ、人さまを幸せにしてあげるのに、特別な力は必要ないのです。相手を思いやる真心で、「こういう悩みをもつ人が、心をこのように切り替えたら、幸せな結果をいただきましたよ」という、実例を話すのはだれでもできるはずです。それだけ話せば、あとは仏さまが力を貸してくださるのです。

ご命日の体験説法を聞いていても、不幸の問屋のようだった人が、幹部さんの話を素直に聞いて一つ一つ実践したら、見る見るまに幸せになったという体験がたくさんあります。自分が感銘を受けた体験談を、親切に、相手の心に合わせてお分けすればいいのです。

体験説法を聞くときは、その人の救われた喜びを自分の喜びとして味わうことです。それが聞き方の大事なところです。そうして感激を味わえば、必ず人さまに分けてあげたくなり、「お導き」もできていくのです。

「お導き」には、むずかしい話は必要ないのです。まず、相手の話を親身になってよく聞くことです。そのうえで先祖供養や親孝行、そして「縁起」ということの大切さを、わかりやすく話してあげるのです。

親から、そしてご先祖さまから命を受け継いで、現在の自分があるのですから、ご先祖さまに感謝できるようになれば、仏さまのご加護がいただけるようになるのです。両親やご先祖さまへの感謝は、万人共通の幸せへの道なのです。

人さまの幸せを願うということは、自分が会う人ごとに「こうすれば幸せになりますよ」と、仏道実践の功徳を話させてもらうことです。その解説《げせつ》の精進が、四緑の年にふさわしく、明るく展開されることをお願いいたします。

感動こそ幸せのもと

仏への道は感激から

仏教は、単なる学問ではありません。もちろん、理路整然とした教えですから教義を学ぶことは大切ですが、それを頭の理解でとどめているだけでは、人間を揺り動かすようなエネルギーとはならないのです。

お釈迦さまは「法師品」の冒頭で、「妙法華経《みょうほけきょう》の一偈《いちげ》一句《いっく》を聞《き》いて、乃至《ないし》一念《いちねん》も随喜《ずいき》せん者《もの》には我皆記《われみなき》を与《あた》え授《さず》く。当《まさ》に阿耨多羅三藐三菩提《あのくたらさんみゃくさんぼだい》を得《う》べし」とお説きになっています。

これは、法華経の一偈一句でも聞いて「ああ、ありがたい」と思った人は、みな仏になれることを保証します、ということです。「阿耨多羅三藐三菩提」というのは、「仏の悟り」ということです。

「一念に随喜する」というのは、一瞬でも「ああ、ありがたい」と心の底から喜び、感激することです。感動することです。その感激が心身を揺り動かし、人生のうえにいきいきと働きかける力となるのです。

四十年ほど前（昭和二十八年ごろ）の立正佼成会は、「あそこへ行けば病気が治る」というので、青梅街道の鍋屋横丁（中野区）から本部（杉並区）まで、長い行列ができたものです。当時の会員さんは教義もよく理解できていなかったのですが、法座でいろいろな信仰体験を聞いて、「なるほど。ありがたい教えなんだなあ」と一念に随喜したため、不思議なぐらい病気が治って幸せになったのです。心が素直になれば、病気も自然によくなるわけです。けれども、佼成会は心のあり方を正す教団ですから、「病気治しの会」という評判は迷惑なので、病気を治す総合病院を建てた次第でした。

ともあれ、佼成会では昔から体験説法を大切にしてきました。ご法によって幸せになった体験を聞けば、「そうか。ありがたいなあ」と心の底から感動しますので、それが自分の心を改める強い決意となって、見る見るうちに救われていくのです。ですから私は、五十数年の長い体験から、「感動に発する精進こそ幸せのもと」と、いつもいっているのです。

菩提心を発す

偉大なものに対して素直に感動をおぼえる人は、その人も偉大になる可能性があるのです。実例はいくらでもありますが、その一例を紹介しておきましょう。

現代の禅者の高峰といわれた山田無文《むもん》老師は、青年時代に、チベット仏教の研究で有名な河口慧海《えかい》師が訳した『入菩薩行《にゅうぼさつぎょう》』というお経で、こういう文章を読まれたそうです。

「世界中を牛の皮で覆《おお》うならば、われわれは跣《はだし》で歩《ある》かれる。しかし、それは不可能である。だが、自分の脚に六寸の靴《くつ》をはけば、世界中を皮で覆うたと同じことになる。世界中を、自分の意にかなう理想国にすることは、おそらく不可能である。しかし、われわれが菩提心を発《おこ》すならば、そして忍辱《にんにく》の靴をはくならば、ただちに世界中は自分の心にかなう理想の天国となる。一度、身も心も一切衆生のためにささげるという菩提心をおこすならば、凡夫がただちに仏になれるのである」（山田無文著『白隠禅師坐禅和讃講話』春秋社）

若き日の無文老師は、この一節に激しい感動をおぼえ、出家を決意されたのだそうです。

法華経の「方便品」で、お釈迦さまが舎利弗《しゃりほつ》に、「心《こころ》に大歓喜《だいかんぎ》を生《しょう》じて　自《みずか》ら当《まさ》に作仏《さぶつ》すべしと知《し》れ」とお諭しになっています。そして、そのときの無文老師の心境は、まさにそのとおり、「自ら当に作仏すべし」と知って、大歓喜されたのでしょう。

とにかく、教えを聞いて歓喜し、随喜することが幸せの一大要因であることを、よくよく胸に刻んでおきたいものです。

「ありがたい」の喜びが人から人に

「随喜」といえば、法華経に「随喜功徳品《ずいきくどくほん》」という章があります。弥勒菩薩が、お釈迦さまに「法華経を聞いて随喜の心を起こしたら、どれぐらいの幸せを得るでしょうか」とお尋ねすると、お釈迦さまはこのようにお答えになっておられます。

「もしある人が、法会でこの教えを聞いて『ああ、ありがたい』という随喜の心を起こし、ほかのだれかに、いま聞いた教えを伝えてあげたとしよう。それを聞いた人も同じように随喜の心を起こし、同じように人に伝えたとしよう。こうして人から人へ転々と伝えられて、五十番目に教えを聞いた人が『ありがたい』という感激を味わったとしたら、その人の功徳は、ある大金持ちが一生かけてあらゆる布施を行なう功徳の数億倍もの価値があるのである」

ここのくだりは「五十展転《ごじゅうてんでん》」と呼ばれています。会員のみなさんはよくご存じのことと思いますが、もう一度じっくりと読み直し、よくかみしめていただきたいと思います。

とにかく、教えを聞いて心から随喜すれば、会う人ごとに仏さまの教えのありがたさをお伝えしたくなります。「この人を幸せにしてあげたい」という、ワクワクするような気持ちになります。それが尊いのです。そして、それが佼成会員の典型であるといえましょう。そういう気持ちをもっている人は、顔つきも言葉づかいもなごやかになって、明るくなります。

ですから、佼成会の道場や法座などに初めて来られた人が、「『よくいらっしゃいました』と快く迎えてくださるので、この人になら何でも話せると感じます」といわれるのを耳にされたことがあるでしょう。

そして、悩みや苦しみを心おきなく打ち明けることができ、聞く人も心から同悲の思いで聞いてあげる。そのうえで、法華経の教えに照らして解決法を話してあげる。そこに「なるほど」という理解と、「ありがたい」という随喜の念が生じて、救われていくのです。さらに、救われた人はひとりでに「人さまを救わせていただきたい」という心を起こします。これが立正佼成会に脈々と流れてきた伝統なのです。

いずれにしても、教えを単に頭で理解するだけでなく、「ありがたい」と感動し、感激することが信仰の神髄です。そのような人こそ「救われる人」であり、「人を救える人」

でもあるのです。

声をかける、慈悲をかける

妙佼先生の気さくな声かけ

九月十日は、長沼妙佼先生の三十七回忌（平成五年）に当たります。それにつけても、思い出すのは妙佼先生の「慈悲」の深さです。しかも、妙佼先生に目立ったのは、その「慈悲」が、気軽に人に声をかけることから発動されることでした。知り合いの人にも、そうでない人にも、気軽に声をかけられるのです。

妙佼先生は、そのころ「埼玉屋」というお店をいとなんでいて、夏は氷の卸売り、冬はサツマイモの卸のかたわら、店先で焼き芋を焼いていました。農家から仕入れた芋のなかには、細くて売り物にならない芋も混じっています。その細いのが焼き芋としては味がいいので、それを窯の隅で焼いておいて、田舎から丁稚《でっち》奉公に来ている近所の若い人に「食べにおいで」と呼びかけるのです。食欲旺盛な青年たちですから、すぐに集まってきます。店は、そういう人たちでにぎわっていました。

また、いろいろ悩んでいる人があると、「牛乳屋さんがいい話をするから、聞かせてもらったら」と声をかけるのです。そのころ、私は牛乳店をいとなんでいたのですが、そういう人たちにわかりやすく仏法の話をして、先祖供養を勧めたものです。立正佼成会は、そういうところから始まったのでした。

つまり、声をかけることで、和合と連帯が生まれるのです。それは家庭でも、近所づきあいでも、職場でも同じでしょう。

道元禅師の『正法眼蔵《しょうぼうげんぞう》』に、「愛語よく廻天《かいてん》のちからあることを学すべきなり」という名言があります。その一連の文章の前のほうに「世俗には安否《あんぷ》をとふ礼儀あり、仏道には珍重のことばあり、不審の孝行あり」とあります。

世間に「ご機嫌いかがですか」「お変わりありませんか」と安否を尋ねる礼儀があることはわかりますが、「珍重」とか「不審」というのはこういうことです。

「珍重」というのは「夜寝《よい》珍重」の略で、「お大事にお休みなさい」というほどの意味。「不審」は「早起不審」の略で、「おはよう。気分はいかが」の意味です。どちらも、禅寺で行なわれているあいさつです。つまり、「愛語」というのは日常のあいさつから始まる、と道元禅師はいわれるのです。

世俗の生活でも、こうしたあいさつが、人間関係をなごやかにするうえで何より大切なものです。家庭のなかでも「おはよう」「ありがとう」「いってらっしゃい」「ただいま」といったあいさつから、親子、夫婦の親密さが生まれ、心の絆《きずな》が結ばれるのです。

「慈悲」は最高の友情

このような呼びかけは、「慈悲」から生まれるものです。「慈悲」といえば、富める者が貧しい者に、強い者が弱い者に情けをかける、物心どちらかの施しをする、というように受けとめがちですが、じつはそうではないのです。

「慈悲」の「慈」の梵語《ぼんご》の「マイトリー」は「友情」という意味です。それも特定の人だけに対してではなく、すべての人、すべてのものに対する普遍的な友情で、「最高の友情」といってもいいでしょう。

出会った相手に声をかけるのは、その友情を示すことにほかなりません。ですから何の気兼ねもなく、だれかれとなく声をかけるといいのです。その声かけを、素直に受けとめるかどうかを気にしたり、「お節介と思われやしないか」と、ためらう人もいるでしょう。しかし、それでは友情が伝わりません。そこで、どうすればよいか。

にこやかな、なごやかな顔で声をかけることです。そうすれば、相手もそれに引き寄せられます。仏教でいう「和顔愛語」は、そのことにほかなりません。これが、人に友情を伝える最大の秘訣《ひけつ》です。

「慈悲」の「悲」は梵語で「カルナー」といいますが、人生のさまざまな問題に悩み苦しんでいる人びとの声を聞いて自分も同感し、同情することを意味します。だれでも、大なり小なり心配ごとを抱えているもので、それを察してあげると、自然に声をかけられるようになります。それが「悲」です。そして、その声かけがきっかけでその人を救うことができれば、これまた「最高の友情」ということになるでしょう。

声かけという菩薩行

早稲田大学の理工学部長だった山本忠興工学博士は、教え子たちに特別に慕われていたことで有名です。

山本先生は、古い教え子が久しぶりに訪ねてくると、応接間に入るなり「やあ、清水くん、元気かね」などと、必ずその人の名を呼ばれたそうです。そして「君は昭和何年の卒業だったから、朝倉くんを知っているだろう。彼がこのあいだやって来てね」とか、「君はお母さんお一人だったね。どう？　お元気にしておられる？」というように話しかけるのです。つまり、相手を数千人の教え子の一人と見るのではなく、「特定の個人」として言葉をかけられたのです。ですから、相手は「卒業後二十年もたつのに、よく自分のことを」と、感激せざるを得ないわけです。

これは記憶力が抜群の特別な例ですが、ふつうの人でも、常にまわりの人のことを心にかけていると、次第にそういう言葉をかけられるようになるものです。

とにかく、こちらから声をかけるのは、いわば奉仕の精神です。菩薩の行動です。本来の「慈悲」のあらわれなのです。

先ほど妙佼先生の話をしましたが、会員さんと接するときでも、ミカンなり、柿なり、ぼた餅なり、何か手元にあると、お参りして帰ろうとする会員さんを「ちょっと、ちょっと」と呼び止めて、「これ、もってらっしゃい」ともたせて帰すことがしょっちゅうでした。そういう会員さんたちがどれほど感激したか、察するにあまりがあります。その「ちょっと、ちょっと」という呼びかけに、何ともいえない「慈悲」がこもっていたものです。

いずれにしても、「声をかけなければ、慈悲は発動しない」のであって、このことをよくかみしめてほしいものです。

第三章

動けば結ばれる

動くほど「因縁」が結ばれる

新井先生との出会い

私のこれまでの人生には、何千、何万という人との出会いがありました。なかでも新井助信《すけのぶ》先生、長沼妙佼《みょうこう》先生（脇祖）、ローマ教皇パウロ六世、「世界宗教者平和会議」の同志であるデイナ・グリーリー博士、趙樸初《ちょうぼくしょ》先生（中国佛教協会会長・平成五年当時）、山田恵諦《えたい》猊下《げいか》（第二百五十三世天台座主《ざす》）といった方々との出会いは、私の人生における大きな転機となるものでした。とりわけ大きかったのは、法華経を教えていただいた新井先生との出会いです。

昭和十年、次女の羌子《きょうこ》が一歳の夏に、高熱を発して昏睡《こんすい》状態におちいりました。近所に慶應義塾大学病院の小児科の部長さんがおられたので診《み》てもらうと、「嗜眠《しみん》性脳膜炎だ。すぐ入院しなければ助からんよ」といわれました。

そのときふと思い出したのは、一週間ほど前に飯塚さんというご婦人が置いていった一枚のメモです。飯塚さんはときどきやってきて霊友会の信仰を勧めてくださったのですが、一週間ほど前にこういったのです。

「あなたは、仏さまに縁のある人です。私は仏さまのお使いで来ているんですよ。幸せというものは、いつまでも続くものではありません。一週間か十日のうちに何かあったら、新井助信先生という偉い先生がおられるから、訪ねて行きなさい。ここに住所と地図を書いておきましたからね」

一週間から十日のうちに何かあったらというのは、この子の病気のことかと気がついたら、その新井先生を訪ねずにはいられなくなりました。

大雨の日で、下半身ズブ濡れになって訪ねて行くと、小柄な老人がおられて「何でしょうか」と聞かれます。わけを話すと、その方が新井先生で、すぐさま私の家まで来てくださって、羌子の枕元でお経をあげ、お九字を切ってくださいました。するとどうでしょう。ものすごい高熱で意識不明だった子どもの熱が、だんだん下がってきたのです。そして、ついに全治してしまいました。

新井先生は霊友会の支部長で、法華経に精通しておられ、会員にその講義をしてくださいました。私は、その講義を聞いて飛び上がらんばかりの思いがしました。それまで、いろいろな宗教を遍歴していましたが、「法華経こそは、一〇〇パーセント人を救う教えだ」と、感激したからです。

そして先生の講義を聞くのが楽しく、三年のあいだ、先生のお宅に通い続けました。それも一年三百六十五日、一日も休まず、盆も正月もあったものではない、といった感じでした。先生は、だれかに法華経を説きたくてたまらない、私は聞きたくてたまらない――その熱意と熱意がピタリと一致したのです。

こうして私の法華経人生が始まったのですが、立正佼成会創立の源は、じつに新井先生との出会いにあったのです

出会いとは、仏性を見ること

もしも新井先生との出会いがなければ、私の法華経人生もなく、おそらく立正佼成会もなかったでしょう。こう考えてみますと、出会いがどれほど大事であるかわかるでしょう。もちろん、人と人との出会いが、すべてこのような一大事になるとはかぎりません。けれども、どんな出会いにも必ず意義があるのです。その出会いを大切にするには、相手の「仏性《ぶっしょう》」を見ることです。「仏性」を拝むことです。そうすれば、楽しい出会いはもちろん

のこと、不愉快な出会いにも教えられることがあるはずです。

お釈迦《しゃか》さまは、ブッダガヤの菩提樹《ぼだいじゅ》の下で悟りを開かれました。そして、その悟りをかつて苦行をともにした五人の比丘《びく》に伝えようと、サールナートの鹿野苑《ろくやおん》をめざして旅しておられる途中、ウパカという修行者とすれ違いました。

ウパカは、お釈迦さまの体から金色の光が射しているのを見て、「おん身はだれを師とする人ですか」と尋ねます。お釈迦さまは「私は独りで悟りを開いて、仏陀《ぶっだ》となったのである」と答えました。ウパカは「あるいはそうかもしれませんなあ」といい、首を振り振り去っていきました。

もし、そこで立ち止まって、その教えをうかがう気持ちになれば、人類最高の指導者であるお釈迦さまの、一番目の弟子となったことでしょう。せっかくの出会いをむだにしてしまったのです。

動けば動くほど

人と人との出会いは、一見、偶然のように見えますが、けっして偶然ではありません。必然なのです。そうなるべき「因」があり、「縁」があってこそ起こるのです。

先ほどお話しした飯塚さんと、私と、そして新井先生との出会いも、どう考えてみても偶然とは思えません。つまり、仏教でいう「因縁」のなかで生まれた出会いである、というほかありません。

私は、そうした「因縁」は、この世に生じたものばかりとは思いません。法華経のいたるところで説かれているように、長い過去世のなかで生じた「因縁」が、この世になってあらわれているのです。そのことを思えば、「どんな出会いもおろそかにできない」という気持ちが湧いてきます。

前世のことだけでなく、この世で作った「因」は、次の世で、ある「縁」にふれて善き出会いとなり、あるいは善くない出会いとなるのです。このことを思えば、いまここでの生き方を正して、善い心と善い行ないを積み重ねていかなければならないのです。

最後に言い添えたいことは、「動けば動くほど、出会いは生じる」ということです。法座でもそうです。黙っていては、自分が幸せになるような出会いは生じません。善き「因縁」は結ばれないのです。心を開いて自分の悩みを話し、相談し合ってこそ、お互いがともども幸せになっていく道が開けるのです。

動けば動くほど、善い「因縁」が結ばれるのです。このことをよく心にとめておいていただきたいと思います。

縁を大切にする

因と縁からすべては始まる

仏教とは〝縁起教〟といってもいいほど、「縁起」と「因縁」ということを大事に考えています。

私たちのまわりには、毎日さまざまなできごとが起こっています。それがどのような順序次第で起こってくるかは、「因縁果報」という言葉で示されています。

「因縁」の「因」とは、自分の心のもち方や行ないのことで、「縁」とは自分が出会う人や条件のことです。この「因」と「縁」が出会うことで、その結果として喜怒哀楽といった「果報」が生まれてくるのです。

舎利弗《しゃりほつ》が、お釈迦さまのお弟子になる前のことです。マガダ国の王舎城《おうしゃじょう》の町で、一人の修行僧が托鉢《たくはつ》をしていました。そのすがすがしい姿とおだやかな態度に驚いた舎利弗は、その僧に問いかけました。

「あなたのお師匠さんはどなたですか？　どんな教えを説かれるのですか？」

「私の師は釈迦牟尼世尊《しゃかむにせそん》といいます。わが師は『すべてのものごとは因と縁が結び合って生じる仮の現われであって、その因と縁が滅すれば、そのものごとも滅する』と説かれます」

その答えを聞いて、舎利弗はさっそくお釈迦さまのもとに入門したのです。

舎利弗はそれまで、サンジャヤという宗教者の師範代として二百五十人の弟子を指導していました。そして、この世で最高の教えを探し求めていました。その舎利弗が、町で出会った修行僧という「縁」によって、お釈迦さまの教えに導かれたのです。

この話のように、「縁」というのは「因」にふさわしい「縁」が出会うもので、自分という「因」が善であれば善い「縁」が寄ってきて、そこに生じる結果はおのずから善い結果となります。これが「善因善果」です。それとは逆に、悪因で始まると、出てくる結果は悪果になってしまいます。

「因縁果報」というように、すべては「因」と「縁」の出会いによって始まります。これは、私たちにとって人さまとの出会いがいかに大事かということです。そこに、いわば「出会いの行」が始まるのです。一つの「縁」に出会ったとき、どのような気持ちで対処するかによって、喜びの結果にもなれば苦悩の結果にもなるのです。

出会った関係をよくするのも悪くするのも、自分の気持ち一つです。自分の一念がおだやかで、素直で正直に動いていれば、自然にいい結果が実ります。人さまに出会ったときには真心をこめて接し、何か頼まれたことでも誠意をもって実行していくと、結果は必ずいい成果として返ってくるのです。

仏さまからの呼びかけ

自分という「因」にふさわしい「縁」と出会うということは、出会う「縁」によって自分の「因」を知ることができる、ということです。昔から「人の振り見て我が振り直せ」というのも、そのことにほかなりません。

自分をふり返ってみると、いろいろ煩悩《ぼんのう》が目について、「自分は悪因のほうが多いようだ」という人がいるかもしれません。でも、がっかりしないでいいのです。私たちは「仏性」を授かっているのですから、煩悩ばかりのような人でも必ず、その「仏性」にふさわしい「縁」に出会えるのです。

法華経の「方便品《ほうべんぽん》」には、「仏種《ぶっしゅ》は縁《えん》に従《よ》って起《おこ》る」と説かれています。私たちには仏になる種子がそなわっているのですが、それは「縁」にふれることで起こってくるというのです。つまり、仏さまは私たちに、「早く仏性に目ざめなさい。まっすぐに仏道を歩みなさい」と絶えず呼びかけてくださっているのです。その呼びかけが、私たちが出会うさまざまな「縁」だということです。

また、より積極的に、自分が、出会う人の「縁」になることもできます。自分が善い「縁」になることで、どんな人に出会っても、善い「果報」を生み出すことができるわけです。

ですから、「縁を大切にする」というのは、出会う「縁」によって自分の心のあり方を切り替えるとともに、自分が相手の善き「縁」になることでもあるのです。

具体的な行ない方としては、まず出会う相手を大切にすることで、相手に精いっぱい尽くすことです。人さまに真心で接し、誠心誠意、喜びに結びつくような心のもち方をしていくことです。常不軽菩薩《じょうふきょうぼさつ》のように、出会う人、出会う人を合掌して、相手の「仏性」を開いていくこと、それが「縁」を大切にすることです。

幸せの道に進んでいく

私たちは日々いろいろな出会いを重ねていますが、喜びをもたらす「善縁」に出会うこともあれば、悩みの種になるような「縁」にも出会います。そういう敬遠したくなる出会いもまた、ありがたい出会いなのです。自分に批判的な人に出会って、それを乗り越えるためにもう一つ精進《しょうじん》したときに、その出会いが仏さまの大慈悲によって起きてきたのだと思えてくるのです。そういう意味では、すべては「仏縁」なのです。

私たちが出会う「縁」は、自分を幸せの道へ進めてくれる仲間です。そこに集まるさまざまな人が、同じ「因縁」のなかでお互いに切磋《せっさ》琢磨《たくま》しながら、喜びの結果を体験していくなかで、少しずつ人間が完成されていくのです。

「仏種は縁に従って起る」というのも、ある意味では、その「縁」とは教えに導いてくれた先輩であり、サンガ（同信の仲間）であるということです。そして、自分もまたサンガの一員として他の善き「縁」になれるのです。

昔から「袖振り合うも多生《たしょう》の縁」といいます。そこで偶然に出会ったように思っても、仏さまの働きかけによって出会っている大事な存在なのです。ですから、出会う「縁」を一つ一つ大切にし、自分も善き「縁」になろうとしていくことが、仏道をまっすぐに歩むことになるのです。

世世に仏に値いたてまつる

仏性を見ることが仏に会うこと

「常不軽菩薩品《じょうふきょうぼさつぽん》」の結びに、「世世《せせ》に仏《ほとけ》に値《あ》いたてまつりて　疾《と》く仏道《ぶつどう》を成《じょう》ぜん」というお言葉があります。

「世世に」ということは、生まれ変わるたびに、ということです。この一節をそのまま読みますと、私たちは生まれ変わるたびに仏さまにお会いして、仏さまの教えを聞き、それを実践して仏道を成就していく、ということになります。

何度も生まれ変わって仏さまのもとで修行するということは、少しばかり現実離れの感じがして、さじを投げたくなったりします。

ところが、そうではないのです。非常に現実的な教えなのです。すべての人には「仏性」というものがあります。仏さまと同じ性質を必ずそなえているのです。ですから、縁あって出会う人ごとに、その人の「仏性」を見つめようと努力して、それを拝むように心がければ、私たちの一生のあいだに、何万、何十万という〝仏〟にお会いできるのではないでしょうか。

常不軽菩薩が、そういう行ないをした典型的な人物でしょう。町で会う人ごとに「私はあなたを軽んじません。あなたは仏となる人ですから」といって、拝みました。拝まれた人のなかには、「いい加減なことをいうな!」と怒って、石を投げつけたり、棒でたたこうとしたりする人もいました。

ところが、常不軽菩薩はそういう人間を恨みません。すべての人に「仏性」がそなわり、みんな仏の子なのだから、「あなたもひたすらに仏道を歩めば、必ず仏になることができる」と信じているのです。ですから、「あなたの心の奥に、ちゃんと仏さまが宿っているのですよ」と、拝むわけです。

常不軽菩薩はそうした行ないを繰り返すことによって悟りを開き、後日、ほんとうに仏となることができました。また、石を投げつけ棒でたたこうとした人たちも、その「縁」によって悟りの道に入ることができました。いってみれば、仏さまと私たちは、目に見えない何かのご縁をもって生まれているのです。

法華経の「授学無学人記品《じゅがくむがくにんきほん》」には、お釈迦さまが阿難《あなん》に授記《じゅき》するくだりで、「もとは一緒に空王仏《くうおうぶつ》のもとで菩提心を起こしたのに、阿難は教えを多く聞くことばかり願っていたので、仏になるのが遅れた。私は、一つの教えを聞いたらそれを実践することにつとめたので、すでに仏になることができた」ということが説かれています。

そのお言葉をうかがって、阿難は、自分が遠い昔に菩提心を起こしていたことを思い出します。私たちも、阿難と同じように、前世において菩提心を起こし、仏道を歩もうという志を立てていたのです。それにもかかわらず、この世に生まれてきたときに、それを忘れているのです。その志を自分ももっていると自覚することが、まず大事なのではないでしょうか。

ですから、毎日の暮らしのなかで出会う人ごとに、「この人は前世に多くの仏さまを供養してきた人だ」「仏さまの教えを聞いて菩提心を起こしたのに、それを忘れているだけだ」と見ることができれば、「どうしようもない人間だ」といった見方はできなくなるはずです。「その菩提心を呼び起こしてあげたい」という慈悲心も湧いてくるでしょうし、「大事な志を立てた人なのだから、心から敬っていかなければならない」という気持ちにもなると思うのです。

まわりの人をあたたかい目で見る

すべての人は、「久遠実成《くおんじつじょう》の本仏」に生かされている身です。ですから、どのような人にも「久遠の本仏のいのち」が流れているのです。どのような人の心にも「久遠の本仏の慈悲心」がそなわっているのです。つまり、どんな人に会っても、その人に流れている「仏のいのち」、その人の心にそなわる「仏の慈悲」を見ることができれば、それが「仏に値いたてまつる」ことにほかならないといえるでしょう。

ただ、お釈迦さまとは違って、私たちは前世のことをすっかり忘れてしまっています。来世のこともわかりません。ですから、現実に生きている今日ただいまを大事にすることが何より大切なのです。

お釈迦さまも中部経典「一夜賢者経《いちやけんじゃきょう》」というお経のなかで、「過去、そはすでに捨てられたり／未来、そはいまだ到らざるなり／されば、ただ現在するところのものを／そのところにおいてよく観察すべし／揺ぐことなく、動ずることなく／そを見きわめ、そを実践すべし／ただ今日まさに作すべきことを熱心になせ」（増谷文雄氏訳）と教えられています。

ある意味では、私たちは一日一日に生まれ変わり、一瞬一瞬に生死を繰り返しているといえるでしょう。こう見てきますと、「世世に」という言葉の意味として、「この一日一日」とか「この一瞬一瞬」という意味に解するのがより現実的な受けとり方といえるでしょう。

先にお話ししたように、その日その日に会う人ごとに、その人の「仏性」を見つめ、それを拝むように心がければ、それこそが「世世に仏に値いたてまつる」ことだと思います。まわりの人をあたたかい目で見ていく、まわりの人にあたたかい言葉をかけていく、まわりの人をあたたかく手をとっていく……。こうして、まわりの人たちを大事にしていくことが、いまを大切に生きることにほかならないのです。

仏知見を開く

ともかく、この一日、この一瞬こそが大事なのです。この一瞬の行ないがよければ、それは必ずよい結果を生みます。「こうすれば、こうなる」という「因果の法則」は、絶対に避けることのできない真理です。

ところが私たちは、とかく日々の暮らしに追われて、自分の心を省みることを忘れがちです。そこで、自分の心を確認する一つの方法として、鏡に自分を映してみることもいいでしょう。

　アメリカのある銀行のエレベーターが非常に混雑し、いつもみんながイライラして先を争うという不愉快な事態が生じていました。そこで、エレベーターのなかに大きな鏡をとりつけたところ、たちまち混乱が解消したそうです。それぞれの人が、自分の不愉快な顔を鏡で見るのに耐えられなかったからです。

　鏡はまことに正直で、怒っていれば怒った顔に映り、円満な顔をしていれば円満に映ります。鏡に自分をよく見せようとしても、自分がよくならないことには、よく映らないのです。

　私たちのまわりに起こるできごとも、この鏡と同じです。自分の心を変えれば、それだけでまわりのさまざまな条件が変わっていくのです。自分の行ないが変わると、だれが見ても「あの人とおつきあいしたい」「この仕事を一緒に仕上げたい」と思われるように、条件が一変してしまうのです。

「世世に」ということでもう一つ大事なことは、過去も現在も未来も、仏さまは一貫して、私たちのそばについていてくださることです。仏さまは「常《つね》に此《ここ》に住《じゅう》して法《ほう》を説《と》く」（如《にょ》来寿量品《らいじゅりょうほん》）とおっしゃっているのです。仏さまから見放されたような気持ちになる人もいるでしょうが、仏さまは、けっして私たちを見放すことはないのです。

「方便品」に「一大事《いちだいじ》の因縁《いんねん》」が説かれています。まず、「衆生《しゅじょう》をして仏知見《ぶっちけん》を開《ひら》かしめ清浄《しょうじょう》なることを得《え》せしめんと欲《ほっ》するが故《ゆえ》に、世《よ》に出現《しゅつげん》したもう」とあります。つまり、仏の智慧《ちえ》を開かせ、示し、悟らせ、その道に入れるという、「一大事の因縁」によって仏さまは世に出られたわけです。仏さまが世に出られたのと、私たちがこの娑婆《しゃば》世界に生まれたのと、同じ「因縁」なのです。

つまるところ、仏知見《ぶっちけん》の道に入るというのは、その日その日において、ふれあう人のなかに「仏性」を見つめ、また自分自身の「仏性」を開いていくことにほかなりません。それが、まさに「世世に仏に値いたてまつる」ことなのです。

まず人さま

人に喜ばれるのがうれしい

立正佼成会では「まず人さま」ということを信条としてきました。ふつうは「自分がいちばん大事」と考え、「自分の幸せのためには、人のことなど構っていられない」というのが一般的ですが、あえて正反対のことを実践してきたわけです。それは、この「まず人さま」が、私たちの所依《しょえ》の経典である法華経の神髄であるからにほかなりません。たとえば「法師品《ほっしほん》」には、「是《こ》の諸人等《しょにんら》は已《すで》に曽《かつ》て十万億《じゅうまんのく》の仏《ほとけ》を供養《くよう》し、諸仏《しょぶつ》の所《みもと》に於《お》いて大願《だいがん》を成就《じょうじゅ》して、衆生《しゅじょう》を愍《あわれ》むが故《ゆえ》に此《こ》の人間《にんげん》に生《しょう》ずるなり」とあります。

これは、法華経の一句でも聞いて「ああ、ありがたい」と思った人は、前世で多くの仏さまに仕えて、すでに悟りを得た身でありながら、現世の人びとが苦しみ悩んでいるのを気の毒に思って、志願して人間世界に生まれてきたのである、というのです。

この意味からしても、法華経の信仰者として、まず、人さまの幸せを考えるのが当然のことなのです。また、現実的な面から見ても、「まず人さま」という精神は、人間として最も気高い資質といえるでしょう。あらゆる生き物のなかで、そのような資質をもつのは人間だけです。

鳥や獣の場合も、子を育てるときはじつに自己犠牲的です。「焼け野の雉《きぎす》、夜の鶴」という言葉があります。雉は、突然の野火に驚いて一度は飛び立つけれども、またすぐ巣に帰って雛《ひな》を守り、そのために焼け死ぬこともあるというのです。また、巣ごもる鶴は、霜降る夜には翼で子をおおって寒さに耐えているというのです。じつに涙ぐましい行為です。しかし、あえていうなら、これらは種族保存のための本能であって、自分の子以外に対してはこういう行動はしません。自分の子であっても、巣離れしてしまえば赤の他人となってしまいます。

ところが人間は、赤の他人に対して愛情をそそぎ、親切を尽くし、ある場合は自己を犠牲にすることさえあります、なぜかといえば、そういう心が人間の本性だからです。

その証拠に、人によくしてあげれば、何ともいえない快い気持ちになります。すがすがしい、あたたかいものが胸に満ち満ちてきます。

たとえば、人からおいしいものをもらうことも、うれしいものです。でも、人においしいものをさしあげて、喜んでもらったときのうれしさはもっともっと大きい……。そういう喜びは、だれしも経験されているはずです。私たちは、まわりの人たちの役に立ちたいと願い、そういう役に立てたときに「生きがい」といってもいいような、ほんとうの喜びを感じるのです。

これは、人間だけにそなわる貴重な感情です。ですから、「まず人さま」という心こそが人間らしさの原点である、といっていいと思うのです。

バランスのとれた生き方

いまの人たちのなかには、複雑多岐な社会のなかで、そういう尊い心を忘れかけている人もいるようです。自分の欲望を満足させるためには、他人を踏みつけても蹴落《けお》としても、意に介さない人が増えているように思います。こういう傾向が強くなると、社会の空気がトゲトゲしくなって、争いが絶えず、暗い世の中になっていくことは必至です。

ところで、この世の成り立ちを大きくながめてみますと、すべてがバランスの世界です。天体の運行もそうでしょう。地球は太陽のまわりを一定の軌道でまわり、月も地球のまわりを規則正しくまわっています。地上の生き物にしても、植物は動物が吐き出す二酸化炭素を吸収して生長し、動物は植物が吐き出す酸素を吸って生きています。そのバランスが崩れると人類生存の大問題になるとして、真剣に研究されているのはご承知のとおりです。

一方、私たちの社会を見ると、自分本位の生き方をして、周囲の人のことなど念頭にないという人が大勢います。それは残念なことですが、だからこそ「まず人さま」と心がける人が大事なのです。そういう人がいることで、社会全体のバランスがとれていくのです。

また、私たちはついつい自分本位に考えますから、日ごろから「まず人さま」と考える習慣を身につけるぐらいでちょうどいいバランスがとれる、といってもいいでしょう。

比叡山に延暦寺を開かれた伝教大師最澄《でんぎょうだいしさいちょう》に、「己を忘れて他を利するは慈悲の極みなり」というお言葉があります。

「慈悲」というのは、人の「苦」を抜き去り、人に楽を与えることですが、この慈悲心を身につけることが仏教徒の願いにほかならないのです。そして「どうすれば、仏さまのように慈悲深くなれるだろうか」と考えたとき、伝教大師は「自分のことよりも、まず人さまの幸せのために働きなさい」とおっしゃっているわけです。

譲れば譲られる

そのような生き方は、自分が損をするように思う人もあるでしょう。でも、けっしてそうではないのです。

谷川にかかる丸木橋を、両側から渡りかけた二人がいたとします。橋の上で「おれが」「おれが」と争えば、一人は必ず川に落ちてしまう、いや、二人とも落ちる確率が高いでしょう。ところが、一人が譲って相手を先に通してあげれば、自分も無事に向こう岸に渡れるのです。

わかり切ったことのようですが、現実の問題として、毎日のように頻発している交通事故を防ぐには、この「譲る心」が必要であることは、だれしも納得されるのではないでしょうか。

人間関係もそのとおりで、「まず人さま」と譲ることが、人と人とのあいだの不和や摩擦をやわらげる潤滑油となります。人間は、みな善人です。すべての人が、「仏性」という尊い宝をもっているのです。ですから、こちらが譲れば相手も「すまないなあ」と思います。そしてその人も、自然に「譲る心」を起こします。そこに「和」が生まれるのです。「譲れば譲られる」「愛すれば愛される」、そこが人間世界の美しさでしょう。

事業のうえでも、そうです。商品を作る場合でも、まず使う人のことを考えて、性能がよく、長持ちし、しかも値段の安いものを作って供給する。これも「まず人さま」の精神です。そして、そういう商品は必ずよく売れます。日本が戦後四十年そこそこで経済大国になったのは、そのとおりのことをしてきたからです。「まず人さま」の精神が原点となっているのです。

「まず人さま」という考え方や実践は、一時は損をするように見えても、実際はめぐりめぐって自分のためになるのです。いわゆる「情けは人のためならず」であって、共存共栄の秘訣《ひけつ》なのです。

人間だれしも、大なり小なり悩みをもっているものです。その悩みの解決法が、なかなか見つからない。そんなとき、自分の悩みはさておいて、まわりの人のために動いてみることです。「まず人さま」と心がけていくと、まわりの人の接し方が変わってきます。「自分のことを度外視して、人のために尽くしている。すばらしい人だ」と信望が集まり、まわりから自然に手をさしのべてくれるものです。

みなさんには、人さまの悩みをほぐしてあげる力もあれば、「人さまを幸せにしてあげたい」という慈悲心もあるのです。人間としてもって生まれた、そういう特質を発揮していただきたいと思います。

要は「人さまを幸せにすることが、自分自身、楽しくて、うれしくて仕方がない」というところが、法華経の信仰者が味わう妙境なのです。こうした素朴な心こそが、人間のほんとうの宝物ではないでしょうか。

縁を生かす

目に見えない縁に支えられて

仏教の教えの要は「縁起」です。「縁起」とは、他との関係が「縁」になって、すべてのものごとが生起することです。いっさいのものは「縁」によって保たれ、「縁」によって変化し、そして「縁」が切れると消滅していくのです。

「善因善果・悪因悪果」というように、私たちの行為には必ずその「報い」があるのですが、いまの若い人たちは「因縁」という言葉を、いかにも古めかしいと感じるかもしれません。そこで私は、「因縁」を「出会い」と言い換えて説明させてもらうのです。仏教は「出会い」を大切にする教えといってもいいと思うのです。

私たちは毎日、じつにさまざまな「出会い」をしています。いろいろな人と出会い、さまざまなできごとと出会い、いろいろなニュースや情報と出会う。それにどう対処するかで、私たちの人生が変わっていくのです。どうすれば「出会い」を善い「縁」に変えていけるか。それを教えるのが仏教である、といってもいいのです。

生きとし生けるものすべては、宇宙の大いなる働きによって、互いに他の存在を必要としながら生きています。すべてが支え合っているのですが、目に見えるヒモで結ばれているわけではないため、実際に目に見える物やお金のほうを大事に思いがちです。しかし、自分が目に見えない「縁」によって支えられていることがわかると、感謝の生活が始まります。

その意味で、「人」という字は、よくできていると思います。一画目の「ノ」の、ちょうどいい位置に、杖《つえ》のようにもう一本の支えがあって「人」という字になります。二本の棒が支え合う位置が、上すぎても下すぎても、不格好になってしまいます。どちらが支えているのでもなく、寄り添う加減のちょうどいい状態です。それはお互いが、気持ちよく「お陰さまで」「こちらこそ」といい合えるところだと思います。

自分中心からの脱皮を

だれもが、明るく、楽しい人生を生きたいと願っています。ところが、この世界には、すべての存在は常に変化するという法則が働いています。自分が影響を受ける周囲の条件、つまり「縁」が変われば、思いどおりにならないことも起きてきます。そのなかにあって、変化することを望まず、自己中心の考えに固執すると、さまざまなことが「苦」になってしまいます。

気の合わない人と出会うことも、その一つです。しかし、嫌いな人を作っているのは自分中心の心です。いつでも自分中心の心や態度でいると、受け入れてくれる人が減っていき、だんだん世間が狭くなります。

だからといって、「人生は思うようにならない、むなしいものだ」と考えて、快楽を求めて生きるのは現実逃避の考え方です。常に変化することを直視すること、それが人間として正しい生き方へのバネとなるのです。

変化するということは、自分のふれあい方一つで、相手との関係が善くも悪くも変化するということです。一瞬一瞬の変化を、善い「出会い」につなげていけるか、悪い「出会い」に向けてしまうか、それは自分の考え方で決まります。

ものごとをよこしまな考えで運ぼうとすると、気持ちが荒れるばかりで、善いつながりはできません。「いいことなど一つもない。悪いことばかり続く」と嘆く人がいます。それは、自暴自棄におちいる心が、次々に悪いことを招き寄せるのです。ですから、「相手と心を一つにしていこう」と気持ちを切り替えて、ご縁や「出会い」を生かすような考え方、生き方が大切です。

なごやかな縁を結ぶ

家庭や近隣の地域社会、職場、学校など、日々「出会い」がありますが、なごやかで真心のこもったあいさつが、善いご縁を結ぶ秘訣といっていいでしょう。真心のあいさつには、「自分の」とか「私の」という「我《が》」はありません。そこにあるのは、「出会い」を喜び、感謝する心だけです。その感謝の心が、相手を拝み、合掌する礼拝行《らいはいぎょう》につながっていきます。

おだやかな気持ちでいると、相手の言葉を善意に解釈できます。善意で接すれば、相手も善意を表に出してくれますから、「和」が広がっていきます。職場や社会で進歩向上していくためには、「自分のできるだけのことをさせてもらおう」と、人さまに親切を尽くしていくことが出発点です。そうするなかで、自然に人さまのあたたかな気持ちをいただけるのです。

ところが、自分中心の考えが頭をもたげると、周囲とのバランスを崩します。自己中心に傾きがちなところを、「まず人さまのことを先に」と心がけることで、バランスがとれるのです。まずは、多くのお陰さまで生かされていることに、素直に感謝しましょう。そこに「縁」を生かす素直な生き方の第一歩が始まるのです。

さまざまな恩恵に素直に感謝できる人は、まわりの人たちに心を向けていくことができるようになります。「世のため、人のために、真心で働かせていただきたい」という気持ちで、一つ一つの出会いや仕事を謙虚に、丁寧に、心をこめて行なうことができます。そのことが、めぐりめぐってまわりの人に後押しいただけることにつながります。

ふれあうご縁を「善き縁」にしていこうと努力する、それが「縁」を生かすということでもあり、「縁」に生かされることでもあるのです。一瞬一瞬の命がいきいきと動いていくとき、自分と周囲との「出会い」は一期一会です。きょうを生かされている命の尊さに気づくことが大事です。それは、「縁」を生かすことから始まるのです。

うしろ姿で人を導く

父から教えられたこと

子どもは、父や母の姿を見て育つものです。人としての生き方を学ぶいちばん身近なお手本といえば、両親のほかにないでしょう。朝早くから台所に立つ母親の姿や、仕事に出かけて行く父親の姿は、子どもたちに安心と希望、勇気を与えているに違いありません。

私の父は、農家の次男坊でした。実直で寡黙でしたが、大事なときには重みのあることをポツリと話す、頼りがいのある人でした。いまでも、畑仕事に精を出していた父の姿が瞼《まぶた》に浮かびます。私たち子どもが畑に手伝いに行くと、鍬《くわ》や鎌の使い方から草のとり方まで、こと細かに教えてくれたものでした。

ひと口に「畑仕事」といっても、なかなかむずかしいものです。鍬一本ふるうのにも、微妙な角度の違いで深く刺さったり、浅くて滑ってしまったりと、慣れるまでがひと苦労でした。私が鍬にふりまわされていると、父がゴツゴツと節くれだった大きな手を添えて、畝《うね》やさくの切り方を教えてくれたものでした。

骨の折れる仕事を率先してやってのけるのも、父でした。それでいて、自慢したりいばったりするわけでもなく、黙々と仕事に打ちこむのでした。食べるものも、まずいものは自分が食べ、おいしいものは子どもたちや年寄りにまわすのでした。

そうした父の姿に引かれて、家族のみんなが仕事に励みました。私たち子どもは父を尊敬し、一日も早く同じような人間味や技量を身につけようと、うしろ姿をお手本にしたものです。

「なるべく暇がなくて、給料が安く、骨の折れる仕事のところに奉公するんだぞ」

私が十七歳で東京に出るとき、父が、はなむけに贈ってくれた言葉です。このなかには、奉仕に徹して生きた父の信念がこめられていたに違いありません。

いま、こうして仏道を歩ませていただくなかで、父の背中が思い出されます。黙々と働く姿に、菩薩の道を歩くことの厳しさや力強さ、やさしさが、しみじみとしのばれるのです。

明るく、あたたかに

仏教の信仰の基本は、「仏・法・僧」の「三宝《さんぼう》」に帰依することです。

この世に、孤立して存在するものは一つとしてありません。生きとし生けるものすべてが互いに支え合っている——この「諸法無我《しょほうむが》」の真理が理解できると、生かされていることに感謝ができて、喜びにあふれた生き方ができます。また、すべての現象は必ず移り変わるという「諸行無常《しょぎょうむじょう》」の法則が胸の底に落ちると、「苦」に直面したときでも、常に前向きに生きていくことができます。

私たちが信受するのは大乗仏教で、とくに在家仏教では、教えにふれる喜びを自分だけのものにするのでなく、多くの人とともに仏さまの境地をめざすことが教えられています。「法」への帰依が深まるほどに、言葉や態度に明るく、あたたかな人柄がにじみ出て、自然に人さまを感化できるようになります。自分の精進（自行）が進んだぶんだけ、人さまを教化《きょうけ》（化他《けた》）することができます。そして、化他を進めることによって自行の深みも増していくのです。つまり、自分の心を耕すことが、まわりの人の心を耕すことにもなるのです。

そのために大切なことは、教えを率先垂範することです。それによって、「みんなに大安心の境地を味わってもらいたい」という願いを、常に抱けるようになります。日々の行動におのずとおだやかさが保たれ、人さまの心をなごませることができるのです。

「やってみせ、いうてきかせて、させてみて、ほめてやらねば人はできぬぞ」という慈雲尊者の言葉があります。人を育て、導いていくうえでの要点をみごとなまでに言い当てていると思います。仏さまの教えに沿った生き方をお伝えするときにも、この言葉がそのまま当てはまります。

仏さまの教えを実践した功徳《くどく》は、その人の表面の姿に「徳」となってあらわれます。いきいきとした姿が人を引きつけ、大勢の人に慕われるのです。

「私の姿を見てください」

立正佼成会では「入会即布教者」といってきました。「法」のありがたさをかみしめることで、「苦」のなかに楽を見いだしていく喜びは、だれもが同じように感じ、すぐに人さまにお伝えしたくなります。ですから、「仏さまの教えに目ざめれば、みんなが幸せになれますよ」と、素直な、ありのままの気持ちでお伝えすればいいのです。

人さまに教えをお伝えするには、相手の気持ちに溶けこむように、素直で柔らかな心で接することです。「法」をお伝えする相手が、二人、三人と増えていくにつれ、よりわかりやすく説法ができるようになります。

仏道をまっすぐ歩めるありがたさがわかると、さまざまな人生苦にぶつかり、悩んだことがむだではなかったことがわかります。むだなどころか、その悩み苦しんだ経験が、教えをお伝えするうえでの自信に変わります。人生における体験のすべてが、そのまま人さまをお救いする慈悲と智慧の宝庫になるのです。

ご法の「縁」にふれたことによって、すばらしい人生を歩み始めた姿を大勢の人に見ていただき、自他ともに信仰の功徳を味わってみてください。「私の姿をご覧ください」といえるほどの精進を示すことで、「法」による救われの喜びを、無言のうちにも多くの人にお伝えできるのです。

喜んでもらえる喜び

周囲を明るくする人に

夜空をながめると、キラキラとまたたく星と、青白く光る星があることに気がつきます。またたく星を恒星、もう一方を惑星と呼ぶのだそうです。

地球にいちばん近い恒星は太陽ですが、その内部は水素の熱核融合反応によって燃焼し、エネルギーが光や熱となって放射されています。金星や火星などの惑星は、恒星の光を反射しているので青く見えるわけです。

私たちが生きるために欠かせない穀物を育てる太陽を、人間は神として崇《あが》めてきました。ギリシャ、ローマ時代から太陽神は登場し、また東洋の神話にも太陽を神格化したものが多くあります。ですから、太陽のように、心の底から燃えあがるエネルギーで人さまを明るく照らす人を、古来、人間は尊敬してきたともいえます。

みなさんのまわりにも、そこにいるだけで周囲を明るく、なごやかな雰囲気にする人がいるはずです。もって生まれた性格もあるでしょうが、そればかりではないようです。その人は、なぜ人を引きつけ、輝くのでしょうか。それは、常に人さまを喜ばせる気くばりを大事にしているからだと思います。

「人さまに喜んでもらいたい」という気持ちは、行ないや言葉、表情に表われます。その積み重ねがほのぼのとした出会いを生んで、「あの人と会うとすがすがしい」という思いを残すのです。

人さまを思いやる気持ちは、だれにでもあります。たとえば、街で道を尋ねられたとき、「どうか、間違わずに目的地に着いてほしい」と思います。そして、瞬時のうちに、どの道順がわかりやすいかなど、さまざまな心くばりをします。相手の喜ぶ表情を見ると、自分もうれしくなり、心があたたかくなります。幸せというのは、そうした心の味わいなのかもしれません。その思いを生かして、相手に喜んでもらえる出会いを重ねたいものです。

人の喜ぶ顔を見たい

立正佼成会を創立する前、私は漬物の行商をしていましたが、お客さんに喜んでいただくには、おいしい漬物を作ることだと信じていました。ですから、値段も安くし、すぐに味が変わることのないよう、心くばりを忘れませんでした。

路地路地を歩いて売り声をかけると、お勝手口から、どんぶりやお皿をもった奥さん方が出てきます。福神漬を大盛りにしておまけすると、とても喜ばれたものです。私は、漬物が売れること以上に、お客さんの喜ぶ姿を見ることが楽しみでした。ですから、朝早くから夕方遅くまで車を引いて売り歩いても、疲れを知らずに働けたのです。

商売でも何でも、「人さまを喜ばせていたら自分が損をする」と思う人もいるかもしれません。けれども、損などしないのです。お風呂でお湯を向こうへ押しやると、向こう側のお湯が、押しやったぶんだけ返ってきます。それと同じように、人さまのことを第一に考えていると、目に見えない功徳がめぐってくるのです。「損して得とれ」といいますが、私は損をしても気にしませんでしたし、あえて「得をしよう」とも考えませんでした。私が「得をした」とすれば、人さまが喜んでくださる姿を見て、うれしい思いにひたされたことだと思います。

人さまに喜んでもらうことを考えていると、「あの人に、この話をしてあげたらいいのでは」などと、寝てもさめてもじっとしていられません。私は、そんな心境にならせてもらえることが信仰のありがたさだと、いつも思うのです。

人さまの苦しみに共感できる人

人さまをお救いするということは、安らぎと希望をもっていただくことです。立正佼成会の創立以来、多くの人びとが救われてきました。法座に座ると、幹部さんが「必ず救われますよ」と、自信をもって語りかけてくれます。ですから、初めて法座に座った人でも、心の内を包み隠さず話せるのです。

大勢の人の悩みにとりくんできた幹部さんは、相手の幸せを念じる慈悲の気持ちにあふれています。ですから、相手の心の状態に合わせて、仏さまの教えに導く手立てが授かるのです。そして、仏さまを拝めたことをともに喜び、次に自分の行ないをふり返るように励ますなど、それこそ「万億《まんのく》の方便《ほうべん》」を駆使して、その人を幸せの境地へと導いていけるのです。

相手に喜んでもらいたいという気持ちは、「仏心」といってもよく、だれにでもそなわっている本性です。その心を大きく育てていくときのお手本が、観世音菩薩《かんぜおんぼさつ》です。

観世音菩薩は、人びとの望みや悩みを察し、その人その人にふさわしい教えを説いて、救いに導く「徳」をそなえておられます。そういう観音さまと同じように、悲しみ苦しむ人に対して「同悲・同苦」の心で接して、安心して心を開いてもらえるような柔和な相でふれあうことが大切です。そのなかで、私たちの心も豊かになっていくのです。

人生の苦労を重ねた人は、人さまの苦しみを共感できる豊かな心の持ち主です。その意味では、法華経の教えは、苦労を重ねた人ほど身にしみこむのです。いま、苦悩を抱えているならば、その体験は必ず、人さまに喜びを分かち与える力に変わると信じてください。必ず、あなたと同じ苦悩をもつ人と出会い、相談相手にならせていただく日がくるはずです。苦難は、人さまを仏さまの教えに導く「万億の方便」を身につけさせてくれるのです。

徳と徳が出会う

心を明るくする出会いを

私たちは毎日、多くの人と出会いながら生きています。そういう出会いのなかには、自分の気持ちを明るくしてくれる出会いもあれば、何日も悩みの種になってしまう出会いもあります。

小さなことでも、人さまに喜びを与えている人と出会えば、「自分も人さまへの布施《ふせ》行を心がけよう」と勇気づけられます。また、大きな悩みを抱えた人に出会うと、自分も心を痛め、「何とかしてあげたい」と、あれこれと心をくだくことになります。

ですから、私たち自身が、相手の心を明るくするような出会い方をしていくことが大事なのです。そのためには、自分がもっている「徳」というものを、精いっぱいに発揮していけばいいということになります。

私たちの出会いというのは、一見、「我」と「我」の出会いのようにも見えますが、その奥を見れば、お互いがもっている「徳」と「徳」が出会っているのです。

私たちが「徳」の大きな人と出会うときは、その「徳」を分けていただくことができます。私たちにとって、最も大きな「徳」をそなえたお方はお釈迦さまですが、その教えを信受して、菩薩行を実践させてもらうことで、その「お徳」の万分の一かをわが身に加えていただけるのです。

また、自分がいちばん「徳」の足りない人間だと思っていれば、どんな人に出会っても「相手に学ぼう」という気持ちになりますから、そのぶんだけ、自分の「徳」が大きくふくらむのです。

ですから、どなたと出会うときでも、常に相手の「徳」を合掌する気持ちで、あたたかく包む態度が大事なのです。

徳を積む喜び

立正佼成会では、悩みを抱える方に「徳を積ませてもらいましょう」と教えます。それは、悩みを抱えている人は小さな「我」にとらわれていて、本来そなわっている「徳」のほんの一部しか発揮していないからです。その「小我」から離れさせるために、「まず人さま」を心がけるように教えて「徳を積む」ことを教えるのです。

佼成会では、親孝行と先祖供養を「徳を積む」行ないの第一歩としてきました。そして、人さまの幸せに尽くすような菩薩行ができるようになると、自分の努力に仏さまの後押しが加わって、「徳を積む」喜びに拍車がかかるのです。

初めのうちは、親孝行や先祖供養がどうして「徳」を積むことになるのかと、不思議に思う人もいます。けれども、「孝は百行《ひゃっこう》の本《もと》」という言葉があるように、親孝行は人間として最も基本的な善行ですから、親孝行をしていると身も心も自然に正しくととのって、神仏のご加護をいただけるようになるのです。

先祖供養も同じです。私たちがこの世に生を享《う》けたのはご先祖さまあってのお陰ですから、ご先祖さまへの回向《えこう》供養をさせていただくことが、自分の「徳」を育てる第一になります。

朝夕に読誦《どくじゅ》している「経典」の「普賢菩薩勧発品《ふげんぼさつかんぼっぽん》」に、「四法成就」の教えが説かれていますが、そのなかに「二《に》には諸《もろもろ》の徳本《とくほん》を植《う》え」と示されています。これは、人間の「徳」の本になる善き行ないは数々あって、それを一つずつ実践していこうということです。

妙佼先生の徳の積み方

「諸の徳本を植え」ということを、長沼妙佼先生は、「慈悲喜捨《きしゃ》を実践する」という簡単な言葉で表現していました。

「喜捨」というのは、布施行のことです。お金や物を施すのも布施ですし、身の行ないで相手に喜んでもらうことも、正しい生き方を説くことも布施行です。妙佼先生は、慈悲の心で布施を行じることを第一とされたわけです。

私が妙佼先生をお導きしたころ、妙佼先生は埼玉屋という焼き芋の店をいとなんでいて、そのお店は田舎から奉公に出てきた若い衆のたまり場でした。妙佼先生は、売り物にならない細い芋を窯の隅で焼いて、店に来る若い衆に食べさせるのです。そして、お茶を飲みながら「たまには親に手紙を出すもんだよ」などと、それとなく人生の味わいを教えてあげていました。

私は、妙佼先生の「徳」に引かれて集まる若い人たちに、親孝行と先祖供養の大切さを話すようになり、その人たちが次々に入会したわけです。

戦後、立正佼成会が大きく発展した時期でも、妙佼先生は、明日の米にも困っている会員さんがいると聞くと、そっとお米をもたせて帰すといったふうで、常に布施行を続けられたのです。

「徳の本」になる行ないをひとことでいえば、まわりの人たちを幸せにする行ないです。柔らかな言葉で話しかけたり、悩みごとの相談にのったり、相手の長所を自覚させたり、仏さまの教えの一節をお伝えしたりと、人さまの幸せに役立つ行ないはたくさんあります。それをいつも身に行なっていくと、その善行がその人の心身にしみわたって人格をうるおし、「徳」になっていくのです。

こうして「徳」を積んでいくと、ふくよかで、あたたかみのある福徳円満な顔になります。佼成会の幹部さんには、何でも相談したくなるような、柔和な表情をされている方がたくさんいますが、それも「徳」を積んだ成果というものでしょう。

人と人のあいだを結ぶのは、人間の「徳」の大きさです。そして、慈悲と布施を習慣にしていくと、おのずと「徳」が身について、顔や態度ににじみ出るのです。そして、いつでも、だれとふれあったときでも、自然に仏さまの教えに「お導き」できるようになっていくのです。

喜びの種をまく

救われの種、喜びの種

私たちは、毎日をいきいきと喜びに満ちて生きたいと願っています。そうした喜びの毎日を送るためには、喜びの種をまくことが必要です。

仏教の基本は「善因善果・悪因悪果」ですから、自分が喜びの種をまけば、おのずと喜びの果実が実るわけです。ご命日の体験説法には、その実例があふれています。その人が、どういう「苦」があって立正佼成会に導かれて、どういう行ないをしたら、このような喜びを味わうことができた、という体験談が満載といった状態です。

家族の不和であれ、職場での悩みであれ、それまでの悩みは自分中心の心が原因だったことに気づいて、その心を改めていくと悩みはなくなります。そして「まず人さま」という気持ちに切り替えて、少しずつ菩薩行を実践したことが救われの種となり、喜びの種となってきたことが、赤裸々に語られるわけです。

ところで、法華経の「譬諭品《ひゆほん》」には、「諸《しょ》苦の所因《しょいん》は　貪《とん》欲《よく》これ本《もと》なり」と説かれています。つまり、さまざまな「苦」の原因、悩みの原因になっているのが「貪欲」です。その「貪欲」をなくすれば、悩みや苦しみはすっかり消えてしまうのです。

人間として、欲をすべて捨てるというのは無理難題にも思いますが、見方を転じて「布施」の心になればいいのです。自分の得になることばかり考えるのを少し控えて、人さまに与える行ないに変えていくと、悩みの種はしぼんでしまいます。そして、そういう「布施」の行ないが、おのずと喜びの種をまくことになるのです。

佼成会には「徳を積む」という言葉もありますが、「徳」を積むことで悩みが喜びに変わっていくのです。その「徳」を積むには、「まず人さま」の気持ちになって相手に喜んでもらうことです。

菩薩行という種まき

ですから、喜びの種をまくということは、別な言葉でいえば「徳を積む」ことです。「神仏のご加護をいただく」といいますが、仏さまから大きな功徳を頂戴《ちょうだい》するためには、それに値する善行、菩薩行を積み上げていかなければなりません。その菩薩行の一つ一つが功徳の種まきであり、喜びの種まきなのです。

仏道修行というのは、悩みの種を捨てて、自分のなかに功徳の種を育てることです。そして、その功徳の種をまわりの人に与えていくことを生きがいとするのが、菩薩なのです。

功徳の種をまいて、大きく育てていくには、自分のできることを精いっぱい、人さまに尽くしていくことです。相手に喜んでもらうことを第一に考え、常にあたたかく、なごやかに接していくことです。人さまとの一つ一つの出会いを、いつも正直に、おだやかに、真心でふれあっていくのです。これはだれにでもできるはずです。

そういう菩薩行を実践して、喜びの種を育てていけば、やがて花が咲いて喜びの果実が実るわけです。そうして喜びの種を育てていくと、一粒の種が十粒にも二十粒にもなって、次々に花が咲いて実がなり、自分も喜び、まわりのみんなも喜ぶ世界ができてくるわけです。

喜びの種は「信」にある

私がいつも「お導きしてください」というのも、煎じ詰めると「喜びの種まきをしてほしい」ということなのです。

自分の身を使って、相手にいっときの喜びを与えることも尊いことですが、もっと大事なことと して、人さまの心に喜びの種をまいていく、そういう生き方をしていただきたいと思うのです。それには、みんなが幸せになれる道である、仏さまの教えをお伝えすることです。

お釈迦さまが托鉢で、バラモンの地主の門前に立たれたときのことです。「バラモン」というのは、当時のインドで最高の階級にいた人たちです。その地主が、お釈迦さまにこういいました。

「沙門《しゃもん》よ。私たちはこうして田を耕し、種をまき、食べ物を得ています。あなたも自ら耕し、種をまいて、食べ物を得たらどうですか」

お釈迦さまは、静かに答えられました。

「私は、人びとの心を耕し、そこに『信』の種をまいているのです」

このお言葉で、バラモンは心を改め、その場でお弟子に加わったといいます。

仏さまの教えは、人間の心という荒れ地を耕して、そこに智慧と慈悲を豊かに育てていく道であるともいえるでしょう。その智慧と慈悲の種となるのが、仏さまと「法」への「信」なのです。そして、自分の心に「信」を確立していくことが、その道を行く第一歩となります。

みなさんのなかには、日ごろから「人さまに会ったときは、喜びの種になるような話をさせてもらいたい」と心がけている人も多いと思います。「一人でも多くの人に、仏さまの教えをお伝えしたい」「わかっていただきたい」という気持ち、それを実践に移してほしいのです。

多くの人に呼びかければ呼びかけるほど、それが自分の功徳になって心が喜びでいっぱいになるのです。法座でも、「あの人の話はわかりやすくて、功徳の積み方もよくわかる」「喜びの味わい方も、よくわかる」ということになると、その人のまわりに人が集まるものです。サンガの一人ひとりに対してのアドバイスが、こまやかにできていけば、喜びの種を大きく育てていくことになるものと思います。

伝教大師最澄は「己を忘れて他を利するは慈悲の極みなり」と説かれていますが、それが菩薩行の本質です。いつも「他を利する」気持ちでいると、喜びが自分に返ってくるだけでなく、人さまに喜びの種をまくことになるのです。

第四章

菩薩が求められている

一人ひとりが菩薩として

菩薩が求められる時代

今回は、私たち菩薩《ぼさつ》を自負する人間にとっての、基本的な心得についてお話ししたいと思います。「菩薩」というと、いかにも時代離れした存在のように思う人があるかもしれませんが、けっしてそうではなくて、今日のような時代にこそ必要な存在なのです。

「菩薩」というのは、現代の言葉で定義すれば、「真実の人生に目ざめることをめざして修行しつつ、同時に、世の人びとの幸せのために奉仕することで、みんなとともに救われようと志す実践的な宗教者」ということになります。

では、どうしてこのような宗教者が必要なのでしょうか。

たとえば、人間の暮らし方を考えてみると、四、五十年前までは山のなかに一人で住み、木の実や草の根を食べて、仙人のような暮らしをすることも可能でした。離れ小島で魚や貝を漁《すなど》って生活し、広い世界とは没交渉に生きることも可能でした。ところが、現在では、そうした自分一人の世界に閉じこもった生き方は、許されなくなっているのです。

早い話が、山のなかに一人住んでいても、国境を越えて酸性雨が降ってきたらどうなりますか。離れ小島に住んでいても、地球の温暖化が進んで北極や南極の氷が解けだせば、島そのものが水没してしまうこともありえます。

つまり、「この世のすべてのことがつながり合っている」という、「諸法無我《しょほうむが》」の真実に一人ひとりが目ざめ、人類全体のために自らの生活を抑制して、まわりのみんなとともに救われるように、努力しなければならない時代になっているのです。

ところが、現実の姿はどうかといえば、自分のことしか考えない人が大部分です。ですから、自分を忘れて他のために奉仕する心をもった人がいなければ、世の中全体の調和が崩れ、不幸へ、衰滅へと転落していくことは必至でしょう。そういう絶望的な事態を招かないためにも、どうしても「菩薩」という存在が必要なのです。

六波羅蜜は布施から

では、具体的にいって、「菩薩」はどんなことをすればいいのでしょうか。

お釈迦《しゃか》さまは「六波羅蜜《ろくはらみつ》」という、「菩薩」が修行すべき六つの徳目を説かれました。それは「布施《ふせ》」「持戒《じかい》」「忍辱《にんにく》」「精進《しょうじん》」「禅定《ぜんじょう》」「智慧《ちえ》」です。

こう並べてみますと、いかにもむずかしそうに見えます。確かに、古典的な解釈に従えば身につけることが困難で、俗世間で生活する私たちには歯が立たないことのように思います。ところが、そうではないのです。その一つ一つをやさしく解釈すれば、次のようなことなのです。

布施＝人のために尽くす
持戒＝身をつつしむ
忍辱＝辛抱強くある
精進＝自分のつとめに一心に励む
禅定＝心を落ち着けて右往左往しない
智慧＝ほんとうの生き方を知る

こう見てくると、「だれにでもできること」と思えてくるのではないでしょうか。

ここでとくに注目したいのは、第一に「布施」という徳目が置かれていることです。というのは、「布施」こそが「菩薩行」の第一であり、これを実践していくと、ほかの五つの徳目も自然に身についていくのです。

「布施」というのはつまるところ、精神的・物質的・身体的なあらゆる面から、まわりのために親切を尽くし、多くの人びとの幸せを願って行動することです。

そういう行動を続けていくと、自然に、「人を害するな」とか「人から奪うな」とか「人をだますな」といった、天地の道理に即した戒めを守るようになります。つまり、身をつつしむようになるのです。それが「持戒」です。

こうして自分の行ないが天地の道理に合致したものになると、そこに自他一体という感情が芽ばえてきます。この自他一体感こそが真の意味の愛情であって、仏教でいう「慈悲」にほかなりません。そういう深い愛情が生じますと、まわりの人たちを大きく包容する気持ちになって、どんな困難に直面しても怒ることなく、耐え忍ぶことができるわけです。これが「忍辱」です。

この「忍辱」の精神が心に定着すると、周囲のできごとに惑わされることなく、自分の本来の使命に向かって、わき目もふらず努力するようになります。これが「精進」ということです。

そうした行動に打ちこんでいると、周囲の情報にふりまわされてあわてふためいたり、度を失ったりすることなく、いつも平静な、落ち着いた態度でいられるようになります。それが「禅定」の境地です。

もちろん、そのような不動心をめざして坐禅をしたり瞑想《めいそう》したりすることが、「禅定」という言葉のもともとの意味ですが、日常生活のうえでの「禅定」は、いま述べたような落ち着いた心のあり方をいうのです。

さて、これまで述べたような一連の心と行ないのあり方が深まってくると、あらゆる現象を貫く真理に目を向けることができて、複雑に変化してやまない人間世界の奥底にある真実が手にとるように見えてきます。そうすると、どんな場合でも、そうした真理・真実にもとづいて正しい道を選んで生きるようになります。それが「智慧」の本義にほかなりません。

菩薩行は楽しい仕事

そういうわけですから、この「六波羅蜜」をむずかしく考える必要はないのです。むずかしく考えると、歯を食いしばって行じるという、苦しい態度になりがちです。そうではなくて、まず「人さまに尽くす」ということから、それも楽しみながら実行するという気持ちが大切なのです。

たとえば、「布施」のなかでいちばん大事な「法施《ほうせ》」(仏さまの教えを伝えること)をしただけでも、たいへんいい気持ちになります。心がほのぼのとしてきて、快くなります。ましてて、相手の生き方が変わってきたのが見えてくると、何ともいえない喜びが湧いてきます。

いわゆる「大歓喜」です。法華経の「方便品《ほうべんぽん》」の最後に、「心《こころ》に大歓喜《だいかんぎ》を生《しょう》じて自《みずか》ら当《まさ》に作仏《さぶつ》すべしと知《し》れ」と説かれています。「大歓喜」の心で、自分が仏になれることを信じなさいというのです。

私たち「菩薩行」にたずさわる人間は、まわりの人に仏さまの教えを説くときも、しかつめらしい態度やいばったような態度ではなく、できればニコニコ顔で、親しみをこめて話をしたいものです。いつもお話しするように、「恵比寿さまが砂糖をなめたような顔」がいちばんです。そうすれば、相手も自然に心を開いてくれますし、こちらも楽しく話を進めることができます。そうすれば、心と心が相寄《あいよ》ってすばらしい結果が生まれてくるでしょう。

また、教会の仲間とのあいだも、心を一つにして、道にいそしむようであれば、そこに何ともいえない喜びが生まれ、そして教会に行くのも楽しく、法座に座るのも楽しく、手どりをするのも楽しくて仕方がないようになるでしょう。

いずれにしても、「菩薩」は、苦悩の多いこの人間世界に幸せと喜びをもたらすことを志願した人たちですから、そういう自負と誇りをもって、楽しく精進していただきたいものです。

布施のできる喜び

布施の功徳は喜び

お釈迦さまの初期のお言葉を集めた「法句経《ほっくぎょう》」に、こういうお言葉があります。

善きことを作《な》す者は、
いまによろこび、
のちによろこび、
ふたつながらによろこぶ。

「善きことをわれはなせり」と、
かく思いてよろこぶ。
かくて幸《さち》ある行路《みち》を歩めば、
いよいよこころたのしむなり。

（友松圓諦《えんたい》師訳）


この「善きこと」とは、いったい何でしょうか。

同じく初期仏教の経典である南伝の「増支部経典《ぞうしぶ》」に、「与える前にはこころ楽しく、与えつつあるときには心を清浄ならしめ、与えおわっては、こころ喜ばし」（中村元《はじめ》氏訳）とありますから、先の「善きこと」とは、主として「与えること」つまり「布施」をさすものと思われます。

常識的には、人から「もらう」ほうが「与える」よりもうれしいものです。それどころか、「もっと、もっと」とほしがる人も多いのです。

では、なぜ、与えることが喜ばしく、楽しいのでしょうか。

それは、こういうことです。もらうのがうれしく、「もっと、もっと」とほしがるのは、私たちの心の表面にある「貪欲《とんよく》」のせいです。ところが、人間には心の奥の奥に「仏性《ぶっしょう》」というものがあって、人のために尽くすことを喜ぶ本性があるのです。ですから、与えること、「布施」が楽しいのは、その本性が喜ぶためです。「仏性」が喜ぶのです。俗に「金は溜《た》めれば溜めるほど汚くなる」といったりしますが、汚くなるのは、その人の「仏性」のまわりに「貪欲」という垢《あか》がこびりつくためです。

ところが、「布施」をすると、その垢が少しずつ除かれて、「仏性」が顔を出します。「仏性」が洗い出されてくるのです。「布施」によって「仏性」が開顕されるのです。先ほどの「増支部経典」の「与えつつあるときには心を清浄ならしめ」というのは、そうした過程をいっているのでしょう。

いずれにしても、「心が楽しくなる」「心が浄《きよ》まる」ということが、「布施」の第一の功《く》徳《どく》であるといっていいでしょう。

富む者の義務

ところで、現在の日本人には、溜めれば溜めるほど汚くなるような金の持ち主が多いのではないでしょうか。もてる者が、もたない者からむしりとる、といった傾向が顕著なのではないでしょうか。

近ごろ、あちこちでよく「ノブレス・オブリージュ」という言葉を見聞きします。フランス語で「高貴なる者の義務」という意味だそうです。つまり、社会的な地位が高かったり、多くの富をもっていたりする人は、それだけ大きな「義務」を背負っているという思想だそうです。

布施をするにしても、富める者が貧しい者に「恵む」のではなく、富める者にはそれだけの「義務」があるのだ、という考えです。そうした思想は欧米にもあり、中国にもあり、インドにもあるけれど、残念ながら日本にはないというのです。

そういえば、アメリカあたりでは、生計や時間に余裕のある人は、当然のことのように何かしらボランティア活動に出かけます。インドの仏跡の近くには、富豪が建てた巡礼宿舎があって、お詣《まい》りする人を無料で宿泊させています。これなどは、いわゆるノブレス・オブリージュの思想にもとづくものでしょう。

「義務」というと何となく束縛を感じるような気持ちがあるかもしれませんが、私は、この思想は社会全体のバランスを大事にする、仏法でいう「諸法無我」の真理から生まれた「自然法」だと思うのです。この世が「もちつもたれつ」の相互依存の関係で成立している以上、たくさんもっている人は、より多く他を支えるのがごく自然なことであって、そうしなければ世の中に調和が生じないのです。

日本人がもっと深く、こういった仏法の真理を知れば、「布施」もごく自然に行なえるようになると私は思うのです。

布施をすると仏さまが喜ぶ

「布施」には大きく分けて、「財施《ざいせ》」「法施」「身施《しんせ》」の三つがあります。「財施」はお金や物資を布施すること、「法施」は仏法をまだ知らない人や初信の人に、教えや、その実践の仕方をわかりやすく説いてあげることです。

「身施」は、体を使ってする布施です。その気持ちさえあれば、だれでもできる大切な布施です。電車やバスのなかでお年寄りに席を譲ってあげるのもそうですし、街で道を聞いた人をわかりやすいところまで案内してあげるのもそうです。もっとはっきりした意図をもってする、さまざまな奉仕活動となれば、さらに価値の高い「身施」です。

そうした「身施」の典型ともいうべき実践者は、一九七九年度のノーベル平和賞受賞者のマザー・テレサでしょう。彼女は、インドのカルカッタ（現・コルカタ）の路上で生活している孤児や、死にゆく人びとに救いを与えることに生涯をささげておられます（平成三年当時。同九年に逝去）。

それも、最初から大きな仕事をしようと考えられたのではなく、目の前にいる一人を助けることから始められたのです。マザー・テレサはこういっています。「私は、ある人の世話をします。そして、もしできるなら、ほかのもう一人の世話をします」と。そうしているうちに、いつしか九千人もの孤児を救われたのです。

そういった行為が、深い信仰に裏づけられていることも忘れてはなりません。マザー・テレサはこうもいっています。「キリストは目に見えませんから、キリスト自身に愛をささげることはできません。でも、人間は目に見えます。ですから、もしキリストが目の前にいらしたら、してさしあげたいと思うことを、その人たちにするのです」と。

もちろん、「身施」というものは、マザー・テレサのような聖者でなくても、ごくふつうの人にもできるのです。

私の親戚のおじいちゃんは、私がまだ菅沼にいたころから中風で、左半身が不随になっていました。ところが、右手一本をうまく使って、子どもの下駄を作っていました。庭先などに子どもたちがやってくると、「ほら、これもっていけ」といって与え、ニコニコしていました。

そういう調子でしたので、お正月やお祭りなどになると、ほとんど村じゅうの子どもが、そのおじいちゃんの作った下駄をはいていたものです。それをながめては、ますますニコニコしていたのでした。冒頭に掲げた「いまによろこび、／のちによろこび、／ふたつながらによろこぶ」を地でいったようなものです。

立正佼成会では、この「身施」をとても大事に考え、その実践に力を入れています。教会道場のいろいろな当番もそうですし、街の清掃や、途上国への援助のための奉仕活動もそうです。

そんな仕事を一心にやっていますと、雑念がなくなります。心がきれいになるのです。ですから、長年の慢性病などがいつしか治ってしまう例が、数え切れないほどあります。これは、科学的には心身医学がその理由を証明していますが、私はそれと同時に、仏さまのご加護によるものであると思うのです。人のために奉仕することは、仏さまがいちばん喜ばれることだからです。

法華経の「薬草諭品《やくそうゆほん》」に、「現世《げんぜ》安穏《あんのん》にして後《のち》に善処《ぜんしょ》に生《しょう》じ」とあります。この「現世安穏」なのです。

一部の学者や宗教者は「信仰は心だけの問題だ」として、信仰と実生活との関連を無視したがりますが、現世利益だけを願う信仰は邪道ですけれども、結果としてのご利益はありがたく受けとるべきだと思います。

さらに「後に善処に生じ」とある、この「後に」というのは「来世」ということです。これがまた大事なことですから、よくよく考えていただきたいと思うのです。前述の「増支部経典」にも「（正しい方法で得た富を人に与える者は）幸ある場所に赴き、そこに行って憂いが無い」（中村元氏訳）と、お釈迦さまは説いておられるのですから。

持戒の人は心さわやか

よい習慣が人生を明るくする

「六波羅蜜」の二番目には「持戒」があげられています。「戒」という字は「戒め」と訓じますので、何か他律的な、他者に縛られることのように感じられるかもしれませんが、じつはそうではないのです。東京大学名誉教授の平川彰氏は、『生活の中の仏教』（春秋社）という著書で次のように述べています。

「『戒』は外部からわれわれを束縛するものではありません。むしろわれわれの心のなかにある善いことをなそうとする『自発的な精神』であります。（中略）戒という言葉のもとの意味は『習慣性』という意味で、つまりわれわれが嘘をいわないような習慣を身につけること、あるいは生きものを殺さないという習慣を身につけること、これが戒のもとの意味であります」

そして、よい習慣を身につけるためには長年の修行が大切で、そういう努力をするためには、まず「思い立つ心」というか「決心」が必要である、と述べています。

つまり、「持戒」というのは、「人にいわれたからやる」というのではなく、自らが発心して、努力してよい習慣を作ることなのです。

私たちは、うっかりしていると心のタガがゆるみがちです。桶《おけ》にしても、タガがゆるめば水が漏れてしまいますが、心のタガがゆるむと生活習慣に水漏れを生じます。ですから、どうしても「戒」という心のタガが必要なのです。

お釈迦さまは、在家の信者に対しては、次の五つの「心のタガ」を教えられました。それは、「不殺生戒《ふせっしょうかい》」「不偸盗戒《ふちゅうとうかい》」「不邪婬戒《ふじゃいんかい》」「不妄語戒《ふもうごかい》」「不飲酒戒《ふおんじゅかい》」の「五戒」です。これは、生き物を殺さない、盗みをしない、道ならぬ男女関係を結ばない、うそをつかない、酒を飲み過ぎない、という戒めです。

私は外国などに行って、諸宗教の方たちに仏教の話をするとき、よくこの「五戒」を引いて、「五戒さえ守っていけば、だれでも心安らかな人生を歩める」ということを話させてもらいます。この五つの戒めを守っていると、いつでも心がすがすがしく、一点の曇りもなく、明るいさわやかな気持ちでいることができるのです。

大量消費は現代の殺生

第一の「不殺生戒」にしても、生き物を殺すことが好きな人などいないはずです。むしろ、さまざまな動物や虫がいきいきと生きている姿を見れば、いとおしく思うのが人間の素直な気持ちです。そして、そういう生き物の死に接したとき、心が痛むのがふつうです。

ただ、人間が生きていくうえで、生き物をいっさい殺さないというのは不可能です。植物も生き物ですから、米も野菜も食べられないことになります。この自然界では、たとえばプランクトンを小魚が食べ、その小魚を鳥や大きな魚が食べるといった順ぐりを「食物連鎖」といって、ごく自然なことなのです。

けれども、あの獰猛《どうもう》なトラやライオンでも、必要以上の獲物はとらないといいます。まして私たち人間は、生きていくうえで魚や肉をとって食べずにいられない現実を常に反省し、感謝するとともに、むだな「殺生」をしないようにしなくてはなりません。仏さまのお心を体して、無益な「殺生」や、楽しみのために「殺生」する狩猟などは固くつつしむべきだと思います。

もう一つ、つつしむべきは「物の殺生」です。いわゆる先進国の私たちは、かぎりある地球の資源をむやみに消費し、ごみの山を築き、大気や土壌や水を汚染し、間接的に多くの生き物を殺しつつあります。ひいては、人類自身をも破滅に追いやろうとしています。この大量消費という「物の殺生」と、多くの人命を奪う戦争こそ、私たちが断固として拒否しなければならないことです。

第二の「不偸盗戒」。これは法律でも禁じられていることですが、それ以前に、ふつうの人は他人の金品を盗んだりしません。しかし、「もっとほしい」と貪欲をつのらせていくと、たとえば国家に納めるべき金を懐に入れたり、公務員が業者から金品を受けとったり、カードの乱用で払い切れないことを承知で買い物をしたり、さまざまな形の偸盗を犯しかねません。

ですから、昔からいわれているように、「自分の暮らしは、額に汗して立てる」という堅実な生活習慣をあらためて思い直す必要があるでしょう。そして、「奪う」よりも「与える」ほうがはるかに喜びが大きいことを、思い出してほしいと思います。

第三の「不邪婬戒」。男と女のあいだは、一人を相手にしているだけでもなかなか難儀なものです。それが、相手が二人、三人ということになったら、おだやかでいられるはずがありません。自分も苦しみ、相手も苦しませるだけで、いいことは何一つないのです。暮らしが豊かになると落とし穴にはまりやすいのが人間ですから、現代にいちばん大事な戒めといえるでしょう。

道に従えば心は安らか

第四の「不妄語戒」。詐欺のような例は別として、ふつうの「うそ」は法にふれません。しかし、「うそ」をつくとチクリと心に痛みを生じます。また、一つの「うそ」を隠すために二つ、三つと「うそ」を重ねるようになると、心のなかに暗い影がどんどん広がっていきます。反対に、いつも正直に暮らしていると、心はいつも明るく、晴れやかに、さわやかにしていることができるのです。これが「不妄語戒」の大切な功徳です。

「方便品」に「仏《ほとけ》の所説《しょせつ》は言虚妄《みこともう》ならず」とあります。仏さまは、うそ偽りをいっさいおっしゃらないのですから、私は、親の真似をするつもりで「いつも正直に」と心がけているのです。

第五の「不飲酒戒」。律部の仏典には、こんな話があります。サーガタというお弟子が、悪竜を退治して村人たちに感謝されたのですが、そのご馳走《ちそう》の酒を飲み過ぎて、路上に酔いつぶれるという醜態を演じてしまいました。そこでお釈迦さまは、酒はつつしむべきものとして「不飲酒戒」を制定された、とあります。

このいきさつから見ても、在家の信者に対する「不飲酒戒」は、「酒に呑《の》まれて自分を失わないように」というのが、ご真意ではなかったかと、私は推察しています。

「酒は百薬の長」ということわざもありますし、少しのお酒は人の心をなごやかにしてくれます。けれども、自分を忘れるほど飲むと、いわなくてもいいことをいって人を傷つけたり、ふと邪心を起こしたりして、ほかの戒を破ることになりかねません。つまり、心に隙を作らない程度に飲むのであれば、後悔の種にはならないわけです。ですから私は、初めのところで「不飲酒戒」をあえて「酒を飲まない」としないで、「酒を飲み過ぎない」と説明したのです。

このように、お釈迦さまの「五戒」は、今日にも脈々と生きている「幸せな生活への道中手形」なのです。

ところで、「持戒」というのは「持戒律」の略です。この「律」というのは、団体生活の秩序と平和を保つための「ルール」です。それも、もともとは多くの人間の体験から作りあげられた「ルール」であって、日本的にいえば「道」なのです。

富士山はあのような円錐《えんすい》形の山ですから、どこから登ってもよさそうですが、昔から大勢の人が登った経験から、御殿場口や吉田口、須走口《すばしり》といった安全な登山道が自然発生し、その道を登れば安心して行けるということになりました。「律」も、そのような性格をもったものなのです。

「戒律」は、つまるところ、人間が長年の経験から導き出した「自らのあり方の道」ですから、これに従って生活していけば、いつでも心安らかに、心さわやかに、ほんとうの意味で自由自在に生きていけるのです。「持戒」という徳目は、このように受けとるのがいいと思います。

柔和な心を保つ

忍耐と柔和は一対のもの

私たち菩薩を標榜《ひょうぼう》する人たちの修行徳目である「六波羅蜜」の三番目に「忍辱」があげ

られています。

中村元博士の『仏教語大辞典』（東京書籍）を引いてみますと、「忍辱」とは「侮辱や迫害に対して忍び耐えて、心を安らかに落ちつけ、瞋恚《しんに》の念を起こさないこと」とあります。

このうち「侮辱や迫害に対して忍び耐える」ことは、たいていの人ができます。子どもたちも、いじめっ子にいじめられても、がまんしています。まして、分別をわきまえている大人は、上司に叱られたり、近所の人にいやみをいわれたりした場合など、黙ってそれをこらえているものです。

ところが、不愉快なことをじっとこらえることがたび重なると、心身に悪い影響をおよぼすことは、精神分析学や心身医学が実証しています。つまり、その抑圧された思いがコンプレックスとして潜在意識に溜まって、ノイローゼやうつ病、胃潰瘍《いかいよう》、ぜんそくなど、さまざまな病気を引き起こすのです。

しかし、気に入らないことをいわれたからといって、すぐにいい返したり、けんかや口論になったりすれば、さらに大きなしこりを心の底に残し、そのうえ、人と人とのあいだの大切な絆《きずな》を断ち切ってしまうことにもなります。

ですから、「忍辱」というのはただじっと忍び耐えるのではなく、先に引用した解説の後半の「心を安らかに落ちつけ、瞋恚の念を起こさないこと」が大事なポイントになりましょう。

法華経の「法師品《ほっしほん》」には、「如来《にょらい》の衣《ころも》とは柔和忍辱《にゅうわにんにく》の心是《こころこ》れなり」とありますし、「安楽行品《あんらくぎょうほん》」にも、「菩薩摩訶薩《ぼさつまかさつ》忍辱《にんにく》の地に住《じゅう》し、柔和善順《にゅうわぜんじゅん》にして卒暴《そつぼう》ならず」とあります。このように、「忍辱」と「柔和」はいつも一対になっていて、忍び耐えるのには、「柔和」な心がともなわなければならないのです。

北風と太陽が、荒野を旅する人のマントを剝《は》ぎとる力くらべをしたイソップ寓話《ぐうわ》は有名です。まず、北風がビュービュー吹きつけると、旅人はますますマントをしっかり身に巻きつけました。次に、太陽があたたかい光を送ると、旅人はすぐマントを脱いでしまいました。これなのです。柔和なあたたかい心情こそが、相手の気持ちをやわらげ、敵意の鎧《よろい》を脱がしてしまうのです。

私たち仏教徒は、この太陽のように、常にあたたかい柔和な心、柔和な表情、柔和な語り方、柔和な態度で人びとに接したいものです。

苦難を試練と受けとめる

ところで、他から迫害や侮辱を加えられた場合、どうすれば柔和な心を保つことができるのでしょうか。いちばんの近道は、それを「自分を高めるための試練」と受けとめることです。

お釈迦さまは、七度もお命を狙った反逆者の提婆達多《だいばだった》に対してさえ、前世の身の話にことよせて、「私が仏の悟りを得たのは、提婆達多という善き友がいたお陰である」と、感謝しておられます。

これを現実的に解釈すれば、「提婆達多は、憎悪や嫉妬、権勢欲など、人間を迷わせるさまざまな煩悩《ぼんのう》をさらけ出して見せてくれた。そのお陰で、私の人間観はますます深まり、一切衆生を救わねばならぬという決意がいよいよ固くなったのだ」というお心であろうと思われます。

このように、自分に加えられる苦難を「自分がより高くなるための試練だ」と受けとめ、それに感謝する気持ちになれば、心はたちまち柔らかに、なごやかに、安らかになっていくことは必至です。

といっても、現実に迫害や侮辱を受けた場合、「なかなかそんな気持ちになれそうもない」と考える人が多いと思われます。そこでものをいうのが、仏道の修行なのです。仏教は「因縁の教え」です。朝夕にご宝前（仏壇のこと）で読経することで、おおもとの「因」、つまり過去に何度も起こした瞋恚の悪因縁が切れて、「柔和忍辱」の人柄ができあがっていくのです。

ましてや、仏法の教義を学んで、「人格完成の究極は、仏さまのような心になることだ」と知って、そのことを心に刻みつける修行を続けていくと、自分では気づかなくても、いつしかすべてを許し抱きとる、寛容な気持ちが養われていくのです。

その証拠に、よく世間の方々から「佼成会の人は、柔和な顔をしていますね」といわれます。会員のみなさんは、サンガ（同信の仲間）の先輩から厳しく注意されたり、世間の人から非難を受けたりしたときも、「ご功徳を頂戴《ちょうだい》した」「お悟りを頂戴した」として、感謝で受けとめることが身についていますから、自然に柔和な顔になるのは理の当然です。この点において、みなさんは大いに自信をもたれていいと思います。

忍辱の実践が平和のいしずえ

「忍辱」という美徳は、仏教だけが教えているものではありません。正しい宗教であるかぎり、やはり同じことを教えているのです。

イエス・キリストも「敵を愛し、自分を迫害する者のために祈りなさい。あなたがたの天の父の子となるためである。父は悪人にも善人にも太陽を昇らせ、正しい者にも正しくない者にも雨を降らせてくださるからである」（『聖書・新共同訳』マタイによる福音書）と説いています。法華経の「薬草諭品」を思い出しませんか。

そして、その一節の最後に、「だから、あなたがたの天の父が完全であられるように、あなたがたも完全な者となりなさい」とあります。

これも、法華経の「如来寿量品《にょらいじゅりょうほん》」の最後に、「毎《つね》に自《みずか》ら是《こ》の念《ねん》を作《な》す　何《なに》を以《もっ》てか衆生《しゅじょう》をして　無上道《むじょうどう》に入《い》り　速《すみや》かに仏身《ぶっしん》を成就《じょうじゅ》することを得《え》せしめんと」と説かれていますが、そのお釈迦さまの本願と同じではありませんか。

立正佼成会の会員綱領に「人格の完成」を目標として掲げているのも、そのところなのです。

閑話休題。私が恩師の新井助信《すけのぶ》先生から法華経の講義をうかがったとき、「忍辱という教えは、外部から加えられる迫害を耐え忍ぶと同時に、ほめられたり敬われたりしても有頂天にならないことも含んでいるのです。むしろ、こちらのほうがむずかしいんですよ」と教えられたことがありました。

腹が立つようなことを忍びこらえるのは、どちらかといえば容易な「忍辱」であって、人から称賛されてもうぬぼれを起こさないという「忍辱」のほうがはるかにむずかしいのだ、といわれたのでした。確かにそのとおりでしょう。

腹を立てたり怒鳴ったりした場合は、心ある人ならば「ああ、みっともないことをした」と反省もでき、すぐに正しい道にもどれます。ところが、ほめられてのぼせあがっていると反省するどころでなく、迷いの深みにはまりこんでしまうのです。私は、その新井先生の講義を聞いて「これは大切な教えだ」と肝に銘じ、今日にいたっています。

ところで、「忍辱」という徳目は、個人にとって大切であると同時に、国としてもこれを旨としなければならないと、近ごろつくづく思います。多くの国が「忍辱」の教えに徹してくれれば、世界平和の実現も夢ではないのです。

ことに日本は、世界有数の経済大国ということで、有頂天になっていたきらいがあります。ところが、今度の湾岸戦争（一九九〇〜一九九一）で、「金は出したが、汗は流さなかった」というので戦勝国からも冷ややかに扱われ、日本たたきも激しくなりそうです。

ここが日本の正念場です。ここで、これまでの有頂天の気持ちを反省し、厳しい日本たたきに遭《あ》っても「忍辱の衣」を着て、常に柔和な態度で対処すべきでしょう。

そして、アフリカやアジアなどの貧困に苦しむ国々や、湾岸戦争で被害をこうむった国々に、豊かな財力とすぐれた技術力を投じて、真心からの布施行を行なっていけば、必ず世界から信頼されるときがくるものと信じます。

今日こそ、日本国そのものが「忍辱」を行じるべき〝時〟であると思うのです。

休まず、怠らず

集中力が養われる

「六波羅蜜」の四番目には、「精進」ということが教えられています。「精進」というと、むずかしいことに全力をあげて挑戦することのように思われがちですが、必ずしもそうではありません。何らかの「価値あること」を、休まず、怠らず、コツコツと実践していく。それが「精進」なのです。

人間の行ないのなかで最も価値あることといえば、仏道の実践です。人間の究極の理想は、仏の智慧に目ざめること、すなわち宇宙と人生の実相を究め尽くして、自由自在の人になることですから、その道をたゆみなく歩いていくことこそが、最高の「精進」であることはいうまでもありません。

しかし、その仏道の実践も、初めからむずかしいことを考えるのでなく、まずは朝夕の読経供養を怠らずに続けていけばいいのです。そうしているうちに、次第に心が清まり、安らぎ、教えが心身にしみわたって人間性が高まっていきます。そして、いつのまにか菩薩行を実践している自分に気がつくというのが、仏道のいちばん平易な歩み方なのです。

そうした宗教的な境地の高まりだけでなく、現実的な功徳もそこから生じます。それは、ものごとに対する集中力が養われ、人生万般について大きなプラスをもたらすことです。その顕著な実例は、江戸時代の国学者で、四十年がかりで『群書類従』という六百六十六巻の不滅の大著述をなしとげた塙保己一《はなわほきいち》の「精進」ぶりです。

子どものとき、大病にかかって失明した保己一は、江戸に出て雨富検校のもとに弟子入りしたのですが、もの覚えが悪く、按摩《あんま》も鍼《はり》も音曲も、いっこうにものになりませんでした。それでも、師匠から「一生をかけた大業を成すには、神仏のご加護がなくては不可能だ」と教えられ、「般若心経」を一日に百回ずつ、千日間読誦するという誓願を立てました。

それが十六歳のときのことで、その後、一日に必ず百回ずつ読誦し、七十六歳で没するまで一日も怠らず、ついに二百二十万回、「般若心経」を唱えたのです。

その間に、検校の試験に合格しただけでなく、賀茂真淵《かものまぶち》のもとに学んで頭角を現わし、幕府の援助で和学講談所を創設して多くの学者を育てました。

これが、「精進」というものの典型です。ここまでの「精進」はだれでもできるとはいきませんが、このような「精進」によって、自分自身がもつ本来の力が引き出されるだけでなく、必ず諸仏・諸菩薩・諸天善神のご加護がかかってくるのです。

精進するのは人間の本性

日常生活を考えても、その原理に変わりはありません。生計のための仕事も、大きく見れば世の中全体のためになるわけですから、りっぱな「価値あること」です。ですから、それを着実に果たしていくことも「精進」にほかならないのです。

人間はもともと「精進」するようにできているのだ、と私は思っています。というのは、怠けていると何となく心地が悪いからです。気がとがめるというか、一種の罪悪感におそわれます。反対に、仕事に励んでいるときは、何ともいえない喜びを味わいます。生きがいのようなものが湧いてきて、ますます気が勇んできます。これは、人間の意識の底にある本性がそうさせるのです。

約三十数億年前に、この地球に生命が発生した当初は、バクテリア、つまり菌類で、次いでアメーバのような原生生物でした。それが次第に虫のようなものに変わり、魚のようなものに変化し、のちに両生類のように水中でも空気中でも生活できるようになり、さらにヘビやトカゲのような爬虫類《はちゅうるい》になりました。その一部がさらに進化してあたたかい血をもつ鳥類から、乳で子どもを育てる哺乳類《ほにゅうるい》となり、そのサルの仲間から最も進歩した一群が人間になったのです。

こういう生命の進化の過程をふり返ってみると、まさしく、休まず、怠らずに進化の一路をたどってきています。ですから、絶えず「上に上がろう」「前進しよう」と努力するのが人間の「本性」であることは疑う余地がありません。つまり、「精進」というのは何も特別なことではなく、人間本来のもち前であるといっていいでしょう。

どこまでも気をゆるめずに

余暇に楽しむ趣味やスポーツなども、仕事の疲れを癒《いや》し、新しい活力を生み出す点で価値あることですから、これらもいい加減に行なうのでなく、心をこめて、休まず、怠らず、それに打ちこむことが望ましいと思います。

私ごとで恐縮ですが、私は小唄もゴルフも六十歳を過ぎてから始めました。小唄は、参議院議員だった長谷川仁さんに頼まれて、小唄の師匠をしている会員を紹介したときに、私も同じ師匠について始めたわけです。ところが、始めると何でも真剣になる私のほうが先に進んで、とうとう名取になってしまいました。

これが思いがけないところで役に立って、車で地方などに行くとき渋滞に引っかかることがありますが、そんなとき小唄のテープをかけて稽古《けいこ》していると、イライラすることもなく、「渋滞もまた楽し」ということになるのです。

ゴルフも健康のために始めたのですが、師匠の宮本留吉プロから「一年間コースに出てはならぬ」と厳命されたので、練習場でコツコツとスイングの基礎作りをしました。そのお陰でコースに出ても恥ずかしい思いをすることもなく、ハンディも十台になるのにあまり時間がかからなかったのです。これらはけっして自慢ではなく、それまでの仏道修行のなかで努力・精進が習性になっていたお陰だと思って、ご参考のためにお話しした次第です。

お釈迦さまは、「遺教経《ゆいきょうぎょう》」のなかで、こうお説きになっています。

「若し勤めて精進すれば、則ち事として難き者なし。是の故に汝等、当に勤めて精進すべし。譬えば小水の常に流るれば、則ち能く石を穿《うが》つが如し。若し行者の心しばしば懈廃《けはい》すること、譬えば火を鑽《き》るに未だ熱からずして而《しか》も息《や》めば、火を得んと欲すると雖《いえど》も火を得べきこと難きが如し。是を精進と名づく」と。

小さな雨だれのしずくも、同じところに落ち続ければ、硬い石にくぼみが生じます。また、大昔は板のくぼみに木の棒を当てて激しくまわし、その摩擦熱で火をおこしたものですが、まだよく熱していないのに途中でやめては火がおこらない……。「精進」とは、このようなものだというわけです。

この雨だれのたとえは「絶えざる努力」の教えですし、火を鑽るたとえは「もうこれで大丈夫と油断してはならぬ」という教えです。前半の教えも大事ですが、私たちはとくに後半の教えに心をとめなければならないと思います。

野球の選手や相撲の力士といったプロの世界では、一日怠けるとそれをとりもどすのに三日かかるといわれます。進歩には時間がかかりますが、退歩はたちまちやってくるのです。

仏道を歩むのも同じです。一歩一歩と地道な「精進」を続けているあいだは、いい因縁がまわってきて順調に過ごせるのですが、懈怠《けだい》の心で立ち止まっていると、次から次に不都合な因縁がめぐってくることになるのです。

お互いさま、「もう十分に幸せになれたから」などと油断せずに、休まず、怠らず、精進してまいりましょう。

どっしりと構える

雑念にまどわされない

菩薩の修行徳目である「六波羅蜜」の第五は、「禅定」です。「禅定」というのは、精神を常に真理に集中して、すべての雑念を離れることですから、たいへんむずかしいことのようですが、受けとめ方によっては案外身近なものであるといえます。

たとえば、相撲の力士が仕切りのときに全精神を集中して、ほとんど無我の状態になる。そして、パッと立ち上がる。あの立ち合いの一瞬が「禅定」の境地であると考えてさしつかえありません。また私たちでも、心をこめてご供養させてもらうと、仏さまのお心と一体になったような、何ともいえない喜びが全身にこみあげてきて心が安らぎ、落ち着きます。あのひとときも「禅定」の境地といっていいのです。

「禅定」を得るための修行としては、まず坐禅を思い浮かべるでしょう。まさにそのとおりで、お釈迦さまの時代から、坐禅は出家修行者としての大切な修行の一つでした。しかし、坐禅で「禅定」の境地に達するのはたいへんむずかしく、修行の浅い人の場合は、坐禅のさなかに次々と妄想が湧いてきて、精神状態に異常をきたすこともあります。

ですから、お釈迦さまも、坐禅はしかるべき指導者のもとで行なわなければならないと戒めています。

たとえば、「山のなかに住んでいる愚かな牛が、道もよく知らないのに、新しい土地に行って新しい草を食べようと思って出かけたとしよう。その牛は新しい土地に達することもできず、住みなれた元の土地にもどることもできなくなる」――修行僧が瞑想の初めの段階のまだ熟達しないうちに、より高い段階を志すと、それと同じようになってしまうと戒めています。

禅宗のお寺で坐禅を指導する場合も、いきなり「無念無想」を求めさせるのではなく、「数息観《すそくかん》」といって、自分の呼吸する息を心のうちで「ひと―つ、ふた―つ」と、静かに数えることから始めさせます。十まで数えることを繰り返すのですが、こうして数を数えることに一心になることで、雑念の入らない心の状態ができていくわけです。

最初にお話ししたように、「禅定」とは、常に正しいことに心を置いて、雑念にまどわされないことです。「正見」「正思」というように、正しく見て、正しく考えていけば、雑念は入らないものです。ところが、一般の人はつい損得を考えるあまり、「ああしよう」「こうしよう」と考え過ぎるため、迷いが生じるのです。ですから、損得抜きで「何がやってきても力いっぱいさせてもらう」と心に決めていれば、いつでもその問題に最も適した姿勢で対応できるものなのです。

「これも仏さまのお手配」

一つのことに心を集中することを、「三昧《さんまい》」といいます。読経三昧、唱題三昧などは、在家仏教者にとって「禅定」を得るいちばんの近道です。つまり、朝夕のご供養がしっかりできていれば、ふだんの考え方もだんだんに雑念が少なくなっていくのです。

心身医学の最高権威である池見酉次郎《ゆうじろう》博士と、対談をさせていただいたときのことです。博士は「私はいろいろと精神統一を試みてみましたが、なかなかうまくいきません。ところが、南無妙法蓮華経を繰り返し唱えていると、不思議にそれができるのです」とおっしゃっていました。

確かに、そうだろうと思います。人間の心というのは、新しい考えを求めて絶えずフル回転しているものです。それが生きている証しでもあるわけですから、一点にとどまって動かないということは、本来むずかしいことなのです。けれども、心をこめて読経をさせていただくと、「仏さまに生かされている」「仏さまに守られている」という感謝がひしひしと湧いてきて、自然に心が清らかになって、その清らかな状態を保てるようになるのです。

この「仏さまに守られている」という気持ちになれれば、「禅定」を得たのと同じことです。そういう大安心があると、常に落ち着いた心でものごとの本質を見ることができます。まわりに何が起きようと、「これも仏さまのお手配だ」と、どっしりと構えて常に正しい対処ができるのです。

みなさんの場合は、お導きや手どりなどで、人さまの悩みに耳を傾けることが多いはずですが、真剣に「この人をお救いしたい」と思うときは、自分の損得や我見がなくなっていいます。そういうときに、自分では思ってもみない言葉をかけてあげることができて、相手の方もそれをスカッと納得してくださることになるのです。つまり、相手を思う一心も「禅定」の一つにほかなりません。そういう「禅定」の気持ちになっていると、仏さまから「智慧」を授けていただけるわけです。

「法」に一念を集中する

日常的にも、同じような境地を味わう場がいろいろとあるものです。美しい絵や、りっぱな書をじっとながめるときもそうです。すぐれた音楽を、静かに聞くときもそうです。乳牛に美しい音楽を聞かせると乳の出がよく、しかも濃い乳が出るそうですが、これも牛は牛なりに一種の〝禅定〟というか、とにかく安らぎの境地にいるからに違いありません。

動物は、その名のとおり「動く」のが本性です。人間も、「動」に「ニンベン」をつけた「働」、つまり「働く」のが本来のつとめです。しかし、「動」には「静」の裏づけがなくてはなりません。「静」によって心身の力が蓄積され、十分に充実してこそ、ほんとうの「動」がありうるのです。

いまの世の中は絶えずめまぐるしく動き、情報が乱れ飛んでいますので、ともすればその「動」にふりまわされ、心の落ち着きを失いがちです。心がそのような状態ですと、もののごとの実相が見えてきませんし、それに対処する正しい判断も湧いてきません。

ですから、こういう時代にこそ、どっしりと構えて、動じない態度が大切になってくるのです。そして、難題が生じたようなときでも「動かざること須弥山《しゅみせん》の如し」と、平然と構えていられるような人物であれば、大勢の人に信頼されるのです。

そうなるには、仕事三昧とか、読書三昧とか、育児三昧とか、とにかく一つのことに心を集中して、外部の動きにふりまわされない生き方を心がけることだと思います。もちろん、菩薩行三昧が最高であることはいうまでもありません。

明治時代の終わりごろの話ですが、ある学者は研究に没頭していて、日露戦争があったことをまったく知らなかったといいます。おそらく新聞一つ読まなかったのでしょう。

いまの社会では、とてもそういうわけにはいきませんし、それでは世の動きにとり残されますから、テレビや新聞などでいちおうは国内や世界の動向をつかんでいなければなりません。ただ、いたずらにその動きに心を右往左往させることは、自戒しなければならないでしょう。

お釈迦さまのご遺言ともいうべき「自灯明・法灯明」の教えにもあるように、私たちは自分をよりどころとして、自分を主人公として生きなければなりません。それも、煩悩にまみれた「我」をよりどころにするのでなく、仏さまと一体である「本来の自己」、つまり「仏性」をよりどころにしなければならないのです。

では、どうすれば仏さまと一体になることができるのでしょうか。唱題三昧でもよし、読経三昧でもよし、とにかく正しい「法」に一念を集中すればよいのです。そのようにして得ることのできた「自灯明」の境地、つまり「禅定」というどっしりと落ち着いた心で日々を送るならば、それこそがほんとうの人間らしい生き方であると信じます。

慈悲から生まれる智慧

智慧は仏さまのお手配

これまで、菩薩の修行すべき六つの徳目である「六波羅蜜」についてお話ししてきましたが、今回は最後の「智慧」について考えてみます。

その前に、これまで学んできた五波羅蜜について簡単に復習してみましょう。

第一――「布施」。慈悲の心で人さまに尽くすこと。とくに、多くの人に仏さまの教えを説いてあげること。

第二――「持戒」。身をつつしむこと。お釈迦さまが教えられた、人間と人間とのあいだを正しくつなぐ「道」を守ること。

第三――「忍辱」。辛抱強くあること。いつも柔和な心を保ち、他から与えられる侮辱や迫害に怒ることなく、また、称賛されても有頂天にならないこと。

第四――「精進」。自分の使命を自覚し、価値あることを休まず、怠らずに行なっていくこと。

第五――「禅定」。環境の変化にふりまわされない、どっしりと落ち着いた心をもち、小さな「我」を離れ、「宇宙のいのち」と一つになるよう精神統一を常に心がけること。

そして、最後の「智慧」というのは、このような五波羅蜜が成就して得られる、宇宙と人生の実相を見とおす澄み切った心の働きです。こういうと、私たち在家の立場の者にはとても到達できない、高い境地のように思われるかもしれませんが、けっしてそうではないのです。

「無量義経《むりょうぎきょう》」の「十功徳品《じゅうくどくほん》」に、「菩提心《ぼだいしん》を発《おこ》し、諸《もろもろ》の善根《ぜんごん》を起《おこ》し、大悲《だいひ》の意《こころ》を興《おこ》して、一切《いっさい》の苦悩《くのう》の衆生《しゅじょう》を度《ど》せんと欲《ほっ》せば、未《いま》だ六波羅蜜《ろくはらみつ》を修行《しゅぎょう》することを得《え》ずと雖《いえど》も、六波羅《ろくはら》蜜《みつ》自然《じねん》に在前《ざいぜん》し」とあります。

ここで大事なところは、大悲の心を起こして、「悩み苦しんでいる人たちをお救いしよう」と心がけていると、六波羅蜜が十分にできていない人でも、六波羅蜜が自然に身についているというところでしょう。つまり、「人さまを幸せにしてあげたい」と願う「慈悲」の心から、そのときどきにふさわしい「智慧」が自然に湧いてくるのです。それが「仏さまのお手配」なのです。

私が昭和十一年に、長沼妙佼《みょうこう》先生（脇祖）をお導きしたときがそうでした。妙佼先生は持病を二つも三つも抱えて、寝たり起きたりの生活だったのですが、「天理教を信じている」というので、

「天理教の神さまは、あなたを幸せにしようと一生懸命になっておられるのに、あなたが『地の理』をちゃんと行なっていないから、『天の理』があなたに感応しないんですよ」

といわせてもらいました。

すると、「『地の理』とは何ですか」と反問されるので、「あなたがこの世に生まれてきたのは、ご先祖さまがあってこそなんです。ですから、ご先祖さまをしっかりご供養することが、『地の理』です。そうすれば、天の神さまもそれをご照覧になって、きっとお助けくださいますよ」といってあげたのです。

妙佼先生が素直にそのとおりにされたら、子宮内膜炎も心臓弁膜症も胃下垂もぴたりと治って、それからは一日じゅうお導きにとびまわるほど健康になりました。これは、私の

力ではありません。「この人を救ってあげたい」という私の熱意に仏さまが感応して、お力をお貸しくださったのです。

当時は法華経の教えを知って半年そこそこですから、私にそれほどの「智慧」があるはずはありません。それなのに、そういう言葉がスラスラと出てきたのですから、これはもう「仏さまのお手配」というほかはないのです。

みんな仏知見をもっている

それにつけて思い出すのは、法華経の「方便品」に、仏さまの「一大事《いちだいじ》の因縁《いんねん》」が説かれていることです。そして、仏さまが世に出現される理由の第一に、「諸仏世尊《しょぶつせそん》は、衆生《しゅじょう》をして仏知見《ぶっちけん》を開《ひら》かしめ清浄《しょうじょう》なることを得《え》せしめんと欲《ほっ》するが故《ゆえ》に、世《よ》に出現《しゅつげん》したもう」とあることとです。これは、仏さまは私たち衆生の「仏知見」、つまり「仏の智慧」を開かせるためにこの世にお出ましになられたということです。

この「開かしめ」という一語を、よくかみしめなければなりません。というのは、もともと私たちの心の底には「仏知見」がそなわっているのです。それがなければ「与えよう」とおっしゃるはずです。あくまでも「開かせる」と宣言してくださったのですから、それは「仏知見」がすでに私たちに授かっていることの証拠にほかなりません。この一語に、大きな希望と勇気と感謝をおぼえざるを得ないではありませんか。

仏の「智慧」とは、いわゆる世渡りのための知恵や才覚ではありません。多くの人を幸せにし、世の中全体を平和に導く、深くて大きな「智慧」です。最近、最高学府を出て大企業のトップに出世した人や、政官界の上層部で活躍した人が、我欲のために失脚するケースが次々に起こっています。そういう人たちは、ほんとうの「智慧」を欠いていたのだというよりほかはありません。

というのも、「布施」の心がなく、「持戒」もせず、「忍辱」の精神に乏しく、自分の本来の使命に「精進」することなく、水の上に浮く泡のようなものに心を奪われ、どっしりした不動心（禅定）がないために、ほんとうの「智慧」が働かなくなったのです。「仏知見」をちゃんと授かっているのに、ほんとうに残念なことです。一般の人たちにも、大なり小なりそんな傾向がありはしないでしょうか。

「雨ニモマケズ」と菩薩の心

こうした風潮を見るにつけて、思い出されるのは宮沢賢治の有名な詩です。みなさんもよくご存じのことと思いますが、あえて再録しましょう。知らずしらずに我欲をつのらせ、「自分さえよければ」という生き方になりがちな今日にあって、あらためてよく味わうべき「天の声」であるからです。

雨ニモマケズ
風ニモマケズ
雪ニモ夏ノ暑サニモマケヌ
丈夫ナカラダヲモチ
慾《よく》ハナク
決シテ瞋《いか》ラズ
イツモシヅカニワラッテキル
一日ニ玄米四合ト
味噌ト少シノ野菜ヲタベ
アラユルコトヲ
ジブンヲカンジョウニ入レズニ
ヨクミキキシワカリ

ソシテワスレズ
野原ノ松ノ林ノ蔭《かげ》ノ
小サナ萱《かや》ブキノ小屋ニヰテ
東ニ病気ノコドモアレバ
行ッテ看病シテヤリ
西ニツカレタ母アレバ
行ッテソノ稲ノ束ヲ負ヒ
南ニ死ニサウナ人アレバ
行ッテコハガラナクテモイヽトイヒ
北ニケンクヮ（カ）ヤソショウガアレバ
ツマラナイカラヤメロトイヒ
ヒド（デ）リノトキハナミダヲナガシ
サムサノナツハオロオロアルキ
ミンナニデクノボートヨバレ
ホメラレモセズ
クニモサレズ

サウイフモノニ
ワタシハナリタイ

このなかに、「六波羅蜜」の教えが尽くされているとは思いませんか。「慾はなく」はつまり「持戒」ですし、病気の子どもや疲れた母に親切を尽くすのは「布施」と「精進」であって、「けっして瞋らず、いつも静かに笑っている」のは「忍辱」にほかなりません。「ほめられもせず、苦にもされず」というのは、たとえほめられたり、いやがられたりしても、平気でいられる「禅定」の境地にいて、なおかつ平凡でありたいという願いでしょう。

そういう生活をしていると、いつしか、あらゆることに自分を勘定に入れず、正しく見、正しく聞き、正しくわかるようになる、これがほんとうの「智慧」なのです。

伝教大師最澄《でんぎょうだいしさいちょう》は、「己を忘れて他を利するは慈悲の極みなり」と説かれましたが、そういう「慈悲」の心を常に心がけていれば、考えることが自然に仏さまの「智慧」に合致したものになります。それこそが、相手を救いつつ自分も救われる道を行く、最高の「智慧」であるといっていいでしょう。

自灯明・法灯明に生きる

自灯明の「自」とは仏性

お釈迦さまは、最後の布教の旅の途中、ヴェーサーリーの町で重い病にかかられましたが、たぐいなき精神力によってそれを克服され、小康を得られました。

ちなみに、このヴェーサーリーは、「仏説観普賢菩薩行法経《ぶっせつかんふげんぼさつぎょうほうきょう》」が説かれた毘舎離《びしゃり》という商業都市のことで、経典の冒頭に次のように説かれています。

「是《かく》の如《ごと》きを我聞《われき》きき。一時《いちじ》、仏《ほとけ》、毘舎離国《びしゃりこく》・大林精舎《だいりんしょうじゃ》・重閣講堂《じゅうかくこうどう》に在《ましま》して、諸《もろもろ》の比丘《びく》に告《つ》げたまわく、却《さ》って後三月《のちみつき》あって、我当《われまさ》に般涅槃《はつねはん》すべし」

なんと、お釈迦さまは、三月後に涅槃に入られることを予言されたのです。

話はもどりますが、お釈迦さまが病から回復されたとき、おそばに仕えていた阿難《あなん》は、

「ああ、世尊のご病気が重くあられたときは、目の前がまっ暗になる思いでした。ただ、

サンガの今後について何かご遺言されないうちはお亡くなりになるはずがないと、そればかりをひとすじの望みにしておりました」と申しあげました。

するとお釈迦さまは、こうおっしゃったのです。

「これ以上、私を頼りとすることはないのだよ。私はすでに、自分が悟った法を、何一つ隠すことなく説いた。だから、これから教団の人びとは、自らを灯明とし、自らをよりどころとしなければならない。法を灯明とし、法をよりどころとしなければならない」

これが、あまりにも有名な「自灯明・法灯明」の教えです。そして、大いなる死を前に言い残された金言です。

「仏教は理性の教えである」といわれますが、その理性的生き方の結晶がここにあるといってもいいでしょう。しかし、いろいろ間違った解釈の生じる恐れがありますので、ここにその真意を明らかにしておきたいと思います。

「自らを灯明とし、自らをよりどころとしなさい」というのは、「自分こそが自分の主人であり、自分の判断にもとづいて行動しなさい」という教えですが、それだけでは、うっかりすると自分本位の「わがまま」を増長させることになって、道を誤りかねません。

まず「自らをよりどころにする」ということですが、この「自ら」とは何でしょうか。

一つには「基本的人権と自由を有する自己である」という、西欧流の解釈があります。それは、仏教的にいえば「我の自己」ということです。この「我の自己」を欲望のおもむくままに主張していけば、そこから自分自身の不幸と世の中全体の混迷とが、かぎりなく広がっていくでしょう。

ですから、ここで「自らをよりどころにする」というのは、もう一歩進んで、「自分の心の奥にある『仏性』をよりどころとして行動しなさい」と受けとめるべきでしょう。

不幸や混迷を防止する道の第一は、その「我」を一人ひとりの「良心」によって抑制することです。

お釈迦さまは「法句経」で、「おのれこそおのれの主である。他にいかなる主があろうか。自己のよく調えせられたる時、人はまことに得がたい主を得るのである」(増谷文雄氏訳)と、お説きになっています。つまり、「良心」によって心がよく調えられたときこそ、自分自身がよりどころとなるのであると説いておられるわけです。

では、その「良心」とはどんなものでしょうか。仏教では、自己、つまり人間の心について、二つの方向からとらえています。一つは、ふつうに私たちがその存在を認識している心、いわば表面にあらわれている心です。もう一つは、表面の意識ではとらえられないものの、だれもが生まれながらにもっている本来の心、すなわち「仏性」です。この「仏性」から自然に湧き出てくる天地の道理に合致した心、それこそが「良心」にほかなりません。

私たちは、ともすれば「我」を抑制しきれずに自ら不幸を招いたり、周囲の人びとに迷惑をかけたりしますが、その一歩手前で踏みとどまり、「自分には『仏性』がそなわっているのだ」ということを思い出し、それをしっかりと念じていれば、自然に「良心」が働き出し、ひとりでに「自己を調える」ことができるのです。

ですから「仏性の自覚」こそが、正しく生きていく自信を生み出す根源であり、「自らをよりどころとする」ということの究極はそこにあると知らなければなりません。

仏の教えは坦々たる大道

もしみなさんのなかに、ここにお話ししたことを心に念じてみても、まだ自分が頼りなく感じられる人があるならば、「サンガのなかの自分」ということに思いをこらしてみてください。

というのは、「自分は七十数億の人類のなかの一人だ」というのでは、自分の位置がいかにも漠然として、とらえどころがない気分になります。けれども、同じ信仰に結ばれたサンガの一員であるということに思いをこらせば、自分の位置がはっきりしてきます。

「自分はサンガを支えている一人だ」という確かな存在感と、それにともなう責任感がふつふつと湧いてくるはずです。もちろん、サンガにはもっと大きな意義があるのですが、「自らをよりどころにする」という意識を深めるためにも、大事な役割をもっているといっていいでしょう。

さて、次の「法灯明」ということですが、これは、私たちが心安らかにこの世を生きていくのにいちばん頼りになる道です。

たとえば、密林に分け入り、荒野を抜けて旅するとき、自分勝手に歩いたのでは、どこにどんな危険が待っているか、どこにどんな断崖があるかわかりません。しかし、森のなかにも荒野のなかにも人の通った跡があって、その跡をたどっていけるのであれば安心して進むことができます。

それと同じように、お釈迦さまが悟られた不滅の真理に随《したが》って、その教えのままに歩いていけば、道に迷うこともなく、危ない目に遭うこともありません。ましてや、お釈迦さまが説かれた教法は、森や荒野の小径と違って、広々とした、坦々《たんたん》たる大道です。

「無量義経」に、「菩提《ぼだい》の大直道《だいじきどう》を知《し》らざるが故《ゆえ》に、険径《けんきょう》を行《ゆ》くに留《る》難《なん》多《おお》きが故《ゆえ》に」（十功徳品）とあります。これを裏返せば、仏法の大直道を歩めば、どんなに険しい世の中を渡っていくにも、不自由や困難などさらさらなく、安心して暮らすことができるというわけです。

お釈迦さまが教えをお説きになってから、二千五百年がたちました。そして、仏法はいよいよ光を増してきています。偉大なる歴史学者のアーノルド・J・トインビー博士をはじめ、世界の心ある人びとが「二十一世紀を救うのは仏教である」といっているのです。たとえば、アメリカの神学大学院から「法華経の講義を聞きたい」との依頼があり、立正大学の田村芳朗教授に行っていただいたこともありました。最近も、フランスの大学教授が拙著『法華経の新しい解釈』を三回読み返し、これこそ世を救う教えだと感服して、私に会いにわざわざ来日されたのでした。

このように、お釈迦さまの教えは、永遠に人類を照らす灯明なのです。

忘れてはならぬ仏さまの存在

ヴェーサーリーでのお釈迦さまのお言葉は、「私がいなくても大丈夫だよ」という阿難への励ましのお諭しでした。そこには「仏」という語こそありませんが、後世の私たちは「仏さまの存在」を絶対に忘れてはならないのです。

法華経の「如来寿量品」に説かれているように、「久遠実成《くおんじつじょう》の本仏」は常住不変の存在です。人間をはじめとするこの世の万物は、「宇宙の大生命」ともいうべき「久遠実成の本仏」と同質の「仏性」をもっているのです。

私たちは自分で生きているように思っていますが、じつは「久遠実成の本仏」に生かされているのです。そのことは、私たちが空気に生かされ、水に生かされ、土に生かされ、植物に生かされ、動物たちに生かされていることを思うとき、確信できることでしょう。

ですから後世の私たちは、この「自灯明・法灯明」に「仏灯明」という一条を加えるといいと思うのです。仏さまに帰依し、仏さまを心のよりどころとしていかなければならないのです。

お釈迦さまはご在世当時、入門者の資格として「帰依三宝《さんぼう》」を定められました。それは仏に帰依し、法に帰依し、僧（サンガ）に帰依することです。その「帰依三宝」に偉大なご遺言の「自灯明・法灯明」を加えれば、私たち信仰者の心得は次の四か条に集約されると思うのです。

「私たちは、宇宙の大生命である久遠の本仏をよりどころとして生きよう」

「私たちは、不滅の真理を説かれた仏陀の教法をよりどころとして生きよう」

「私たちは、同じ信仰の和合衆であるサンガをよりどころとして生きよう」

「私たちは、自分の仏性を心のよりどころとして生きよう」

これで、私たちの信仰は完璧なものとなることでしょう。

あたたかな人間関係を

法華経を学び直す

今年（平成五年）は七赤金星の年で、これは季節でいえば仲秋に当たり、稲や果実などが成熟するという意味で大事な年まわりです。

昨年は、法燈を継承した第二代会長（庭野日鑛《にちこう》）が全国をあまねく巡教し、会員のみなさんも期待をもって迎えてくださいました。いわゆる親戚まわりということで、たいへんに親しみを深くし、「今度はいつ来てもらえるか」という期待の声が広がっていると聞いています。

会員のみなさんも、心を新たにして精進に勢いが出てきた感じがしますし、「法」に対する心構えも深くなったように見えます。まさに新しい実が結ばれたといっていいでしょう。その新しい実を成熟させるのが、今年であるということになります。

では、どうすれば信仰の実を成熟させることができるのか。私は、およそ三つのことを心に願っております。

その第一は、法華経をもう一度しっかり学び直してみることです。法華経は、四十五年間にわたるお釈迦さまの説法のなかでもいちばんの要《かなめ》で、すべての説法の精髄を結集した経典です。

たとえば「法師品」には、「薬王今汝《やくおういまなんじ》に告《つ》ぐ　我《わ》が所説《しょせつ》の諸経《しょきょう》　而《しか》も此《こ》の経《きょう》の中《なか》に於《おい》て法華《ほっけ》最《もっと》も第一《だいいち》なり」というお釈迦さまのお言葉があって、お釈迦さまの第一の経典であることが明示されています。

ですから、読めば読むほど理解と感銘が深くなります。二十代の初信のころに読んだときと、五十代で読んだとき、八十代になって読んだときでは、その教えが心にしみ入る度合いと、自身の人生とのかかわり合いの深さへの感慨が、じつに大きく違うのです。ですから、初信の人はもちろんのこと、十年、二十年と信仰してきた人も、気持ちを新たにして学び直していただきたいと思います。

その際に心していただきたいのは、教えを感謝で受けとめることです。「ありがたい」

という感謝の心で受けとめると、教えが心の底までしみとおり、心の底まで浄化されるため、不思議なほどの結果が出てくるものです。このことを、ぜひぜひ胸に刻んでおいてほしいと思います。

仏の悟りをめざす仲間に

第二には、教えを身に実践してもらいたいということです。その手始めは、教会道場での式典や法座に参加して、多くの仲間の信仰体験をわが心にとり入れて、自分自身の実りとし、収穫することです。

秋に実る米も木の実も、自分にそなわる力だけで実るのではなく、太陽の光や大気の作用、地中からの養分や水分などの助けがあって成熟するのです。私たちの信仰も、それと同じです。教会道場に通い、法座に加わり、同信の人びとの精進ぶりに刺激されて、その体験のすばらしさに励まされるなかで、「よし、私も」という意欲が湧いてくるのです。

実際、会員さんたちの変わり方を見ていますと、最初に法座に来られたときは少しさびしげな顔をしていますが、二度、三度と法座に参加するうちにだんだん明るい顔になってきます。それは、法座で学ぶことによって、教えを身に実践できるようになったからです。

だからこそ、お釈迦さまも「普賢菩薩勧発品《ふげんぼさつかんぼっぽん》」の「四法成就」の教えのなかで、「三《さん》には正定聚《しょうじょうじゅ》に入《い》り」とお説きになっているのです。「正定聚」というのは、正しい目的をめざす人たちの聚《あつ》まりのことで、私たちが仏の悟りをめざすには、そういう人たちの仲間入りをすることが大事なのです。

とくに、初信の方にお話ししたいことがあります。「仏法のすばらしいことはわかっているが、法座に出る時間がない」という人がよくあります。けれども、時間というものは、工夫次第でいくらでも都合をつけることができるものです。

いまの世の中は、人と人のあいだに、いきいきとしたふれあいが少なくなっているようです。その点、立正佼成会の法座は、お互いに胸のうちを赤裸々に吐露し合いながら、悩みや喜びを分かち合い、いきいきとしたふれあいのなかで「異体同心」のあたたかい人間関係を育てあげる場であって、手をとり合って人格完成をめざす場なのです。

今年は団参（本部参拝）もさかんに行なわれるようです。どうか、このようなことを心にとめ、大聖堂のご本尊さまにお参りして、信仰の喜びを倍増させていただきたいものです。

思いやりの心で接する

私が願っていることの第三は、菩薩行の実践です。いまの社会でいちばん心配なことは、まわりの人への思いやりが薄れつつあることです。これが高じますと、どんなに暮らしが便利になっても人間の人間らしさは日に日に失われ、世の中は砂漠のようになってしまうでしょう。それを防ぐ意味でも、「慈悲」の教えである仏教、とくに法華経の教えを説き広めていくことが大切なのです。

「慈悲」の「慈」は「まわりの人を幸せにしてあげたい」という心で、「悲」は「人の苦しみを抜いてあげたい」という心です。これをわかりやすくいえば、「思いやり」ということになります。苦しんでいる人を見れば「ああ、お気の毒に」と思い、「何とかしてあげたい」と思う心です。そして、その「思いやり」を実践に移すことです。

何も、むずかしいことではありません。電車やバスのなかで、お年寄りに席を譲る。道に迷っている人を、わかりやすいところまで案内する。そのような「小さな親切」も、りっぱな慈悲の実践なのです。

さらに進んで、子どもの登校拒否に苦しんでいたり、夫婦の不和で悩んでいたりする人を自分のことのように心配し、適切な助言をしてあげることは、りっぱな慈悲行となるでしょう。

ところで、直面している個々の苦しみを抜いてあげるだけでは、決定的な救いとはいえません。決定的な救いとは、心の底の底まで清める仏教の教えに導くことにほかなりません。これが、慈悲行つまり菩薩行の究極です。

そういう意味で、会員のみなさんが決意を新たにし、今年こそこの菩薩行に邁進《まいしん》されることを心から願ってやみません。

高く高く法を掲げて

お釈迦さまの二つの決意

初期仏教の経典の一つである「雑阿含経《ぞうあごんきょう》」の「尊重」に、こんなことが説かれています。

お釈迦さまが、ブッダガヤの菩提樹の下で仏の悟りを開かれたあと、しばらく瞑想を続けておられましたが、そのときお心に浮かんだのは「尊敬するところもなく、恭敬《くぎょう》するもののない生き方は苦しい」という思いでした。

心から畏《おそ》れ敬い、帰依する相手があれば、その人を心のよりどころとして生きることができます。しかし、仏の悟りを開かれた瞬間から、自分がこの世で最高の人間であるという真実がお心のなかに生じ、そうなってみると、心から敬う相手がいなくなったことが不安になられたのでしょう。

そして、お釈迦さまはいろいろと考えをめぐらされ、次のように決意なさったのです。「私が恭敬し、奉事するものは、『法』しかない。私を目ざめさせた真理のほかはない。『法』こそが、これからの私のよりどころである」と。これが、釈尊成道《じょうどう》後の第一の決意です。

そして、お釈迦さまはさらに瞑想を続け、こう考えられたのです。

「私が悟った真理はじつに深遠で、あまりにも高度なものである。世の人びとは自分の欲望に執着し、しかもその執着を楽しんでいる。そのような人びとには、私が悟った『縁起の法』はとうてい理解できるものではない。だから、この悟りを自分一人のものとして、悟りの喜びのなかに生涯を終えるのも悪くない」

そのとき、そのお心を知った梵天《ぼんてん》（古代インドの最高神）は、「ああ、この世は滅びる。正しい法を悟った人がおられるのに、その人はそれを説こうとはされない」と嘆きました。そして梵天は、お釈迦さまの前に参拝して、「世尊よ。あなたが悟りを開いたのは何のためでしょうか。教えを説くことはむずかしいことかもしれませんが、世の人びとを救うために、どうか法をお説きください」と、嘆願したのです。

お釈迦さまは再び熟慮を重ねた結果、「よろしい。この法を人びとに説くことにしよう。説かなければ、この法は完成しないのだ」と決意されました。この第二の決意こそが、後世の私たちを救うことになったのです。

お釈迦さまはご一生のあいだに数多くの教えを説かれましたが、なかでもお釈迦さまのご本懐が説かれているのが、私たち立正佼成会が所依の経典とする法華経なのです。そして、お釈迦さまの教えをひと口でいえば「苦滅の法」であって、実践すれば必ず幸せになれる教えなのです。

法を優先すれば心さわやか

人間、どんなに長生きしても、せいぜい百余年の命です。その短い命を自分の欲望のままに生き、金や物や快楽の追求に費やすとしたら、何というもったいないことでしょう。それに比べて、「法」を立てて、「法」を説いて、一人でも多くの人を真の幸せに導き、それが積もり積もって人類の救いとなる……という生き方が、どれほど価値ある人生であるか、はかり知れません。

「そうはいっても、生活が第一ではないか。私たちは、その日その日の暮らしで精いっぱいなのだ」と反論する人もいるでしょう。いちおう、もっともな考えです。

けれども、伝教大師最澄は、「道心の中に衣食《えじき》あり」といわれています。また、イエス・キリストは「何よりもまず、神の国と神の義を求めなさい。そうすれば、これらのものはみな加えて与えられる」（『聖書・新共同訳』マタイによる福音書）と諭しています。そのように、「法」を優先し、「法」を立てて生きるならば、人生につきまとう「貧・病・争」はおのずから消滅、もしくは軽減していくのです。

私自身にも、会員のみなさんにも、そのような例は無数にあるのですが、なかでも、とくに顕著な一例をお話ししておきましょう。

終戦直後の昭和二十年十月十三日、日蓮聖人のご命日に、副会長の長沼妙佼先生にご神示があって、「庭野の誕生日に、ご本尊（久遠実成の釈迦牟尼仏《しゃかむにぶつ》）を勧請《かんじょう》せよ。立正佼成会をもととして法華経が世界万国に弘まるべし」というお告げがありました。

ところが、十一月に入ると妙佼先生が丹毒《たんどく》で寝込まれ、私もその看病疲れで風邪をひき、それがこじれて肺炎を起こし、十三日、十四日と四〇度の高熱で苦しんでいました。

十五日は、ご本尊を勧請する大切な日です。そのご本尊勧請の式典は、私が式長をつとめなければなりません。医師は「高熱のある身で、とんでもない」と、しきりにとめるのですが、これを怠っては神仏に申しわけないと思いました。

十五日は午前三時に起きて風呂場で水行をとり、ご尊牌《そんぱい》に「久遠実成大恩教主釈迦牟尼《くおんじつじょうだいおんきょうしゅしゃかむに》世尊《せそん》」とご尊名を謹書しました。そのご尊牌をお厨子《ずし》に納め、読経をして、また床に入りました。

すると十一時ごろから熱が下がり、お祝いに炊いたお赤飯を食べて、正午からの本尊勧請の式典をすませることができました。

当時は、そのような大事をすませたら、日蓮宗の総本山である身延山《みのぶさん》久遠寺《くおんじ》（山梨県）にお礼詣りに行くことが慣例になっていて、出発はその晩でした。夕方まではまだ熱があったのですが、床を出て水をかぶり、三部経をあげて、午後八時過ぎの夜行列車で八十七人の会員さんと、東京駅を発ちました。

ところが、富士駅で身延線に乗り換えたところ、身延の二駅ほど手前で土砂崩れがあって、不通になっていたのです。仕方なく、線路づたいに八キロほど歩いて、ようやく身延の町に着いたのです。

そうした無理をしたにもかかわらず、お礼詣りをすませると、不思議に体がすっきりしてきました。このぶんならば大丈夫というので、翌日の七面山参拝にも、先頭に立ってお題目を唱えながら登ったのです。二日前まで、肺炎の高熱に苦しんでいたのがうそのようなな、さわやかな気分でした。

このように、「法」のとおりに行動すれば、おのずと神仏のご加護がいただけるのです。もちろん、ふだんは常識的な判断が大切ですが、大事なときには「法」を優先させることも、また大切なのです。

法を立てるとみんなが仏

お釈迦さまの話にもどりましょう。

お釈迦さまは八十歳のご高齢にもかかわらず、そして持病の背中の痛みにも耐えつつ、布教・伝道の旅をお続けになりました。

その最後の旅の途中、ヴェーサーリーの町にいるとき、雨季が始まりました。雨季になると川がはんらんし、道も水びたしになって、屋外での行動はできなくなります。この期間、比丘たちは精舎などにとどまって、瞑想・三昧を主とする修行をするのです。その年は一帯が飢饉《ききん》のため、比丘たちは知り合いを頼って各地に分散して過ごすことになりました。

お釈迦さまは、ヴェーサーリーで侍者の阿難とともに雨安居《うあんご》に入られたとき、死に瀕《ひん》するほどの大病を患いました。けれどもお釈迦さまは、「いま、ここで死ぬのは私にふさわしくない。もう一度、弟子たちみんなに会って、最後の教訓を残さなければならない」と念じ、精神力をもってその危機を乗り切られました。そして、阿難にこう述懐されています。

「私は、古ぼけたガタガタの車が、皮ひもの助けによって、やっと動いているようなものだよ。これ以上、私を頼りとすることはないのだよ」

このように、お釈迦さまがわが身の辛苦もかえりみず、ひたすら法を説き続けられたのは、一人でも多くの人を仏道に導いて、正法にもとづく生き方をさせたいという大慈大悲からでしょう。そしてまた、「これこそが『法』のとおりに生きる生き方である」と、後世の私たちに身をもってお示しになられたのだと思われます。

いつもお話しするように、「方便品」に、「我本誓願《われもとせいがん》を立《た》てて　一切《いっさい》の衆《しゅ》をして　我《わ》が如《ごと》く等《ひと》しくして異《こと》なることなからしめんと欲《ほっ》しき」というお言葉があります。

「どうか、みんなが私のようになってほしい」というのが、仏さまの願いなのです。その願いにお報いするには、お釈迦さまがお説きくださった教えを行動の規範としていくことが、第一の要諦《ようたい》になります。

そして、「法」のとおりに生きていこうと決定《けつじょう》すると、まわりの人たちがすべて、仏になる道を歩んでいる人であることが見えてくるはずです。まして、法華経の縁にふれている人は、一人として仏になれない人はいないのです。まわりじゅうが仏になる人なのですから、そのなかにいる自分もまた、間違いなく仏になれるということです。

実際には、私たちはまだまだ「仏の悟り」には遠い身ですが、お釈迦さまが成道されたときの「私が恭敬し、奉事するのは、『法』しかない」という第一の決意と、「その『法』を人びとの幸せのために説こう」という第二の決意は、私たちにも真似のできることのはずです。

私たち立正佼成会会員は、お釈迦さまに倣《なら》って、高く高く「法」を掲げて生きていこうではありませんか。

初出
月刊「佼成」（佼成出版社発行）
平成元年一月号～平成十年十一月号

本書は、右をもとに編集したものです。

なお、掲載時からの時間の経過にともない、説明を要すると思われることがら等を加筆ならびに修正しました。

編者

庭野 日敬（にわの にっきょう）
1906年、新潟県に生まれる。立正佼成会開祖。長年にわたり宗教協力を提唱し、新日本宗教団体連合会理事長、世界宗教者平和会議国際委員会会長などを務める。著書に『新釈法華三部経』(全10巻)『法華経の新しい解釈』『瀉瓶無遺』『人生、心がけ』『この道』など多数。1999年、入寂。

立正佼成会ホームページ http://www.kosei-kai.or.jp/

Kosei shuppan

庭野日敬平成法話集 1
菩提の萌を発さしむ（ぼだいのめをおこさしむ）

2018 年 4 月 8 日 初版第 1 刷発行

編 者 立正佼成会教務部
発行者 水野博文
発行所 株式会社佼成出版社
〒166-8535 東京都杉並区和田 2-7-1
電話 (03) 5385-2317（編集）
(03) 5385-2323（営業）
URL https://www.kosei-shuppan.co.jp/

印刷所 株式会社精興社
製本所 株式会社若林製本工場

◎落丁本・乱丁本はお取り替えいたします。

ISBN978-4-333-00679-3 C0015